K+K PRESS

災害は
忘れた所にやってくる

安全論ノート——事故・災害の読み方

長谷見雄二

工学図書

災害は忘れた所にやってくる——目次

Ⅰ

事件に遭いやすい人・災害がよけて通る人　8

災害はいつ始まっていつ終わるのか　13

目の前で災害が起こったら　18

宝の山とごみの山　26

何が面白くて防災を研究するのか――災害調査も命がけ　29

Ⅱ

一九九九年集集大地震にみる「危機管理大国」台湾　40

ギリシャ正教僧院半島リスク管理の一〇〇〇年　45

飛騨高山の先端的伝統防災システム　53

焼け跡に生える木は火事に弱い　73

地域災害はなぜ悪循環を繰り返すのか――火災都市江戸・東京と函館の近代災害史　85

二〇〇〇年秋愛知県西枇杷島町・東海豪雨の爪痕　104

災害を忘れるのに何年かかるか――一〇年風化説　114
事故予防体制三〇年崩壊説　123
災害は忘れるほど時間がたたなくても所を変えてやってくる
――オーストリア・ケーブルカー火災とロンドン地下鉄駅火災　136

Ⅲ

えひめ丸追突事故――原潜に市民を大勢乗せていてまともに操艦できたのだろうか　146
報道が引き起こす「災害」　151
事故や戦争が中継されている　158
二〇世紀と二一世紀の境目としての九・一一　167

Ⅳ

災害弱者を考える　192
災害弱者としての外国人　200

災害の再発防止！　に死角はないか・その一
——関東大震災で煉瓦造に引導を渡したのは正解だったのか　206
災害の再発防止！　に死角はないか・その二——「木造は火事に弱い」のは宿命か　216
地震とちがってビル火事はどうして学術調査がされないのか　227
建築基準法どおりに建てた建物は安全か　237
『安政見聞誌』——ジャーナリスト仮名垣魯文の編集者的才能　245
『白木屋の大火』——日本初の高層ビル火災と名門百貨店の運命　252
「関東大震災実況」の東京　258

おわりに　273

装幀＝斉藤晴美
カバー・ドローイング＝小川知紀

I

事件に遭《あ》いやすい人・災害がよけて通る人

ふだんし慣れないことをする時には、一応、予想できる最悪の事態を念頭に置いて計画したり行動したりすると良いという教訓がある。そうすれば、ちょっとおかしなことが起こっても落ち着いて行動できるから、その影響を最小限にくい止めることができるという意味なのだろう。

でも、私は、昔から、こういう普通の意味の最悪の事態より一段くらい悪い事態に出くわすことが多いような気がしてならない。高校受験では、乗っていた電車が降車することになっていた駅を通過してしまって試験に大遅刻したし、就職試験の前日には、電車との接触事故で利き腕に大けがをしている。生まれて初めて引っ越しをした時には、転出届を区役所に出しに行った帰りに銀行強盗事件に遭遇して、警察に通報したところ深夜まで引き留められたうえ、その翌日、引っ越し先のアパートに行った帰りには、乗車直前の列車が踏切に侵入してきたトラックと衝突して脱線し、結局、帰宅しそこなっている。

そのほか、本書のどこかで書いているが、学生時代のアルバイト先では爆破事件を経験し、災害調査をすれば、乗った車が二回、崖《がけ》から転落している。さらに、私が幹事を務めたパーティで会費の領収書が必要になった時、遊びで五〇〇円札をコピーして岩倉具視の肖像をパーティの主人公の似顔に置き換えたものを領収書にしていたら、それを入れた財布がすりにあって、現金だけ抜き取られ、この偽札まがいの代物《しろもの》が入った財布が警察に発見されてしかられるという踏んだり蹴ったりの目にあっているし、パソコンを買えば、二回に一回は相当程度の悪い故障品というのが相場である。

何となく愚痴《ぐち》っぽくなってきたし、よく考えると自分にも責任がありそうなケースになってきてしまったのでこの辺でやめるが、世の中を広く見渡すと、こんなのは序の口で、世間には、確率的にはなかなか起こらない現象に何回も遭遇する人がいるものである。

知り合いの新聞記者に聞いた話だが、一九九四年一月にアメリカ・ロサンゼルス近郊で起こったノースリッジ地震、その年暮れの三陸はるか沖地震、そして明けて九五年一月の阪神淡路大震災と、わずか一年の間に三回、大地震に遭遇した少年がいるとのことである。

八戸出身の親御さんの海外勤務でロサンゼルスで生活していたのが、地震後、帰国して神戸の自宅で暮らし、たまたま冬休みを八戸のお祖父さんの家で過ごしていて、こういうことになったらしい。当時、ある全国紙の青森支局にいたその記者氏は、八戸の地震を取材中、この少年からノースリッジ地震の経験談を聞き、神戸から一週間だけの予定で滞在していた八戸でこんな目にあうなんてどういう運勢なんだろうと思った約ひと月後には、神戸の自宅が中破して八戸でしばらく暮らすことになったその少年から、阪神淡路大震災の体験談を詳しく聞くことができたというのである。

こういう大事件を沢山経験する、という点で有名なのは、建築家の池田武邦氏である。池田氏は、日本で初めて高さ一〇〇メートルを超えた超高層・霞ヶ関ビルや地球環境調和型地域計画の先駆けであるハウステンボスの計画の中心人物として知られるが、若手海軍士官だった太平洋戦争末期の一年間に、当時の二大戦艦「武蔵」と「大和」の撃沈に立ち会い、広島県江田島の海軍基地に戻ってからは敗戦直後の日本を襲った大台風・枕崎台風で孤立した測候所の救援に活躍して、幾つものノンフィクション作品に実名や仮名で登場している。

こんなにも大事件に遭遇するのは、確率は低いながらも、絶対に起こり得ないとはいえない確率的現象といえばそれまでだが、遭遇した本人は、なぜ自分だけこんなに事件に遭遇してしまうのか考え込んでしまうだろう。そして、普通では経験できないいろいろな体験をしてしまうわけだから、その後の人生観に決定的な影響を与えるに違いない。

日本の地震や災害の研究が、二〇世紀最初の一〇年間に生まれた専門家によってめざましく進展し、組織化されて一時代を画した、とよくいわれている。それは、和達清夫、武藤清、坪井忠二、金井清、畠山久尚、金原寿郎、棚橋諒、谷口忠のような人たちの成果をさすのだろうが、それは、その一世代上に、寺田寅彦や佐野利器、内藤多仲、今村明恒のように、欧米の自然科学ではそんなに関心をもたれなかった災害現象に科学的研究の意義を認めて、防災対策の基礎的な考え方を打ち出した学者が輩出し、その薫陶《くんとう》を受けていたこともあろうが、何といっても、学生時代に関東大震災を経験したことが大きく影響したのではないだろうか。一九九〇年代の三大地震を身をもって経験してしまった少年にも、その貴重な体験を、今後ますます不透明になっていくかもしれない社会を生きていくうえで是非《ぜひ》プラスに活かしてもらいたいものである。

一方、それとは反対のタイプ、すなわち「災害がよけて通る人」もいる。

たとえば、亡くなった叔父の一人は、戦争で特攻隊員になり、終戦数日前に出撃しようとしたのに飛行機の故障で飛び立てずに終戦を迎え、その後も、新潟地震では、新潟で地震に遭遇する日程で北陸出張していながら、新潟の一つ前の長野の滞在が予想外に長引いて結果的に地震を免《まぬが》れたり、予定の変更で出発直前にキャンセルした飛行機が墜落したりしている。関東大震災も、前の日までたまたま東京下町の親戚の家に滞在していて、当時は東京市域に入っていなかった渋谷区の家に帰ってきたばかりだったが、幼かったので揺れ自体は記憶になく、地震の晩、下町が赤々と燃えているのが見えて綺麗《きれい》だったのしか覚えていないそうである。

一九八〇年の夏、富士山登山路の落石事故に静岡駅前のビル地下飲食店街の爆発事故と、静岡県で大事故が続いたことがあったが、当時、私が勤務していた研究所にある地方自治体から出向していて夏季休暇で富士登山に行ったFさんは、落石事故の少し前に落石で最大の被害が出た場所に通りかかり、下山後そのまま車で静岡まで行って爆発事故の前日に件《くだん》の地下街にいたというのである。どちらの事故も、その場では全く気づかず、のちにニュースで知ったらしい。

こういう人たちが「災害がよけて通る人」というイメージで思い浮かぶのだが、よく考えてみると、「事件に遭いやすい人」と、事件とのニアミスの程度が違うだけで、危ない現象に接近しやすい体質自体は、大して違わない同類項であることがわかる。本当に「災害がよけて通る人」ならば、こういう危ない橋を渡るような経験すらしないはずだからで、より正確にいえば、「事件に遭いやすい人」は事件に遭ってしまいながら生き延びることができた人、「災害がよけて通る人」は、事件に遭いそうになりながらも、安全な方に事態がズレて、ニアミスしながらも事件自体には遭遇しなかった人、ということになるのであろう。

でも、こういう目にあって本人が受ける印象や影響は、「事件に遭いやすい人」と「災害がよけて通る人」とではひどく違うように思うのである。

実際に事件に遭ってしまうと、生き残るのに運だけではなくて本人の努力も必要としたはずだし、否《いや》応《おう》なくいろいろな経験をすることを通してその人の考え方などに非常な影響を残すであろう。枕崎台風の際の池田武邦氏の測候所救援活動などは、フツーの人ならば、途中で断念して引き返すところを、あえてやり抜いた末の体験であって、偶然、事件に遭遇したとか助かったとかいうのとは訳《わけ》が違う。それに対して、ニアミスで済めば、よほど、自覚的でなければ、ラッキー！　と思うだけで終わって、それ以上の影響を受けることはない。上述の叔父の場合も、自身、「厄災がよけて通る人」と思っていたふしがあるように、いろいろ、普通ではしない経験をした中で、人生観などに影響したと思われるのは特攻隊経験だけで、自分が巻き込まれる可能性が高かった新潟地震や飛行機事故について特に思いを巡《めぐ》らす風でもなかったわけだが、こうしてみると、もし「事件に遭いやすい人」と「災害がよけて通る人」のどちらを選ぶかといわれれば、なかなか大変そうだけれど、私は、やっぱり「事件に遭いやすい人」の方を躊躇《ちゅうちょ》なく選択するのである。

災害はいつ始まっていつ終わるのか

世界史年表を見ると、アメリカ合衆国が独立したのは、一七七六年七月四日となっている。ということは、一七七六年七月三日までは、国としての体裁を整えていなかったのが、七月四日に突然、大統領以下の政治体制を整えて、現在見るような大陸国家が成立したのかといえば、当時、北米大西洋岸沿岸にへばりつくように並んでいた一三のイギリス植民地は、イギリス政府と軍事的衝突を含む長期にわたる政治紛争中で、一七七六年七月四日は、これら植民地が連合して独立宣言し、長い独立戦争に全面突入した日にあたるわけである。なかには、その前にすでに単独で独立を宣言していた植民地もあった一方で、アメリカの独立が広く国際的に認知されるのは、その七年後、イギリス政府と講和した一七八三年のこととなる。

独立戦争では、ジョージ・ワシントン将軍率いる独立軍司令部がイギリス軍に包囲される相当危ない場面もあって、イギリスと対立していたフランスの軍事・政治両面にわたる支援なしには戦い抜けなかったというのが公平な評価だし、イギリス政府との講和が成立した頃でもまだ、一三の旧植民地がそれぞれ独立国家となって、その全体は、United States の表現どおり、その連盟として存続していくのか、あるいは全体で一つの国家となるのかははっきりしなかった。長い政治的議論の末に、一つのまとまった国家となることを決意し、大統領制が敷かれて、ワシントンが初代大統領に就任したのが、さらに六年後の一七八九年。そして、アメリカ合衆国が大陸国家らしくなるのは、さらに一九世紀に入って、当時の一三州の西に広がって太平洋岸まで届いていた広大なフランス植民地を、ナポレオン治世下のフランスから購入してからである。イギリスとの戦争に負けていれば、「独立戦争」は、失敗した反乱として世界の事件史に小さく記録されるに過ぎなかっただろうし、一三の植民地がそれぞれ単独の国家として独立していたり、フランス植民地の購入がなければ、北米大陸の国家のあり方は、現在とはまるで違ったものになっていたはずである。

こうして、今日、七月四日は、アメリカ合衆国の独立記念日として祝われているわけだが、独立宣言した時、たとえばヨーロッパなどでは、そのまま独立が成就すると思った人は、そういなかったのではないだろうか。何しろ、独立宣言時はおろか、一七八一年にイギリス軍が撤退する形で事実上、戦争状態が終結してから八三年のイギリスとの講和までの間ですら、アメリカの独立を承認していたのは、独立を支援したフランスだけだったのである。

国としての成立の仕方がはっきりしているといわれているアメリカにして、独立や国家体制のたちあげには、相当の紆余《うよ》曲折《きょくせつ》がある。歴史の試験勉強だと、何かの事件が起こった年号を丸暗記して事足れりとしてしまいがちだが、明日、来年がどうなるのか、はっきりと見通せない現代に生きる人間としては、歴史を眺める時には、いったん、事件が起こった時点、すなわち、事件がその後どのような結末に向かうかがわからない状態に我が身を移してみて、その時、どのような判断に意味があり、どのような行動が可能だったかを考えてみた方が面白い。日本の明治維新だって、教科書のほんの一、二ページで説明されるほど単純なものでなかったことは、いろいろの歴史書に物語られているとおりだ。

本書は、災害や事故をテーマにしているのに、なぜこのような話題を取り上げているかというと、災害や事故もこれらの歴史的事件と同じで、たとえば「関東大震災」とか「伊勢湾台風」、「大阪千日デパート火災」、「御巣鷹山墜落事故」などという呼び名で、日常とはくっきりと区別できる災害や事故として認識されるようになるのは、災害年表のキーワードとなるような死傷者数や損害規模がはっきりした、いわば事件後になってからのことである。災害や事故の報道や過去の事例の情報に接する時には、実際にそれが起こっている現場では、それが災害と呼び得るようなものであるかどうかも、また、災害であると理解されたとして、被害性の現象がどの範囲に広がっているかもよくわからない状態で、日常とは違う異常に取り組まなければならないという事実が、忘れられがちなのである。

一口に災害や事故といっても、人間がどのような対策をとれるかという視点からみると、性格は様々である。地震や竜巻、火災のようなものは、現状では発生を予知できない。台風も、気象観測網が整備されるまでは同様であったのが、現在、日本列島から遠く離れた場所で発生すれば観測によって感知でき、その後の移動にともなって、さらにどのような進路を辿《たど》るかもある程度予測できるようになっている。地震は、仮に発生を予知できるようになったとしても、発生をくい止めることはできそうにないが、火災や爆発は、前兆現象を把握できれば、発生自体を予防することもできそうである。事実、火災感知器には、火災そのものというよりは、その前兆現象の段階で感知しているものもある。

地震や竜巻、建物火災、爆発などの場合、災害の直接の原因となるような顕著な現象は、秒から分で数えられる短時間で終わってしまうから、こうした災害は、起こっているかどうか、また、いつ起こっているかを一応、明確に表現することができる。しかし、火山災害などは、静かな山が突然、噴火や火砕流の発生を起こすわけではなく、その前兆現象や中小規模の被害をともなう現象の発生が長期にわたって続く。だから、いつ災害が始まっているかといえば、極めて漠然としている。集中豪雨も、実際に災害につながるような程度に達しているかどうかは、現場でも、容易には判断できない。こうした災害では、起こっていることに対するちょっとした判断の差が、被害を受けるか受けないかを分けることも稀《まれ》ではない。一九九〇年代には、オウム真理教の主宰者と狂信的な信徒が猛毒ガスを市街地や地下鉄車両内に散布するサリン事件や、原子力施設の臨界事故による放射能汚染事件なども発生したが、このような事件になると、現場にいる人は、一体何が起こっているか全く理解も感知もできないまま、致命的な被害を受けることになる。二〇〇一年九月一一日、ニューヨーク世界貿易センタービルを襲ったハイジャック・テロの時も、建物の中では、何が起こっているかわからないままに、崩壊に遭遇してしまった人も多いのではないか。

地震や火災、爆発は、被害を生み出す現象そのものは、短時間で終わってしまうといったが、もう少し注意深くみると、たとえば、地震災害は、地震現象そのものではなく、地震後に起こるかもしれない火災や疫病、時には関東大震災の時のように流言による虐殺のような事件をも含んでいるから、災害の元凶である地震動が終われば、地震災害も終わるというわけではない。火山災害のようなものになると、噴火が終わっても、噴火による堆積物が地上を覆って、農業生産はおろか、住居・林業・交通など広範囲にわたって、長期に及ぶ甚大な影響を残すこともある。たとえば、富士山は、一七〇七年に山稜で大爆発しているが、永原慶二著『富士山宝永大爆発』(集英社新書)によると、農林業への影響は、一八世紀末まで続いたと記録され、さらに、結局、砂除作業が断念されて、今日に至っている場所すらあるという。災害を生み出した現象が、大抵の人の生まれる前の事件として歴史の中に組み入れられたとしても、生産や生活に対するダメージは、まだ続いているかもしれないわけである。そして、こうした直接的なダメージが解消されたとしても、災害で家族を失ったり、地域共同体を喪失して傷つけられた心は、一生、癒《い》えることはないかもしれない。こうした面で災害がいつ終わるかはっきり定義できないのは、人間の記憶が消えることがないという人間の本質に関わる以上、実は、災害の種類を問わないのではないか。

地震や台風、火事などに直接、襲われなくても、その被害を受けることもある。工業製品の重要な部品工場が地震や火災で被災して、全製品の生産がストップしたり、阪神淡路大震災で阪神間の鉄道や高速道路が長期間、不通になると、近畿以東と中国地方以西の交通と流通が激減して、膨大な間接損害を派生したような例がそれにあたる。災害は、時間的にどのような広がりをもつのか、はっきり定義できないばかりでなく、空間的にも、はっきり限定できない時代に、我々は住んでいるのである。

目の前で災害が起こったら

五〇年も生きていれば、一回くらいは、報道される程度の大事故、大事件に巻き込まれたり、目撃したりすることがあっても不思議はないだろう。かくいう小生が体験した最も生々しい事件は、一九七四年八月三〇日、東京丸の内で起こった三菱重工本社爆破事件である。

当時、私は大学院生で、ちょうどその近くのビルでアルバイトの休憩中、突然、窓ガラス一面が室内側に押し出されるような異様なショックである。ショックで済んだのは、私のいたビルが、爆破されたビルが面する通りから横に入ったところに位置していたからであろう。しかし、その時はまだ爆発とはわからず、ただ、経験したことのない衝撃の異様さから、何かとんでもないことが起こったのではないかと感じて、ビルを飛び出し、その通りに出てみると、遠くに煙が立ちこめて、路上はあたり一面、ガラスの破片だらけ。こちらに向かって逃げてくる人たちの向こうには、倒れた人がごろごろしている。記録によると、死者八人、重軽傷三五六人となっているが、警察や消防署もまだ組織的には動き出しておらず、近くの人が倒れている人を助け起こして診療所のあるビルに運んだりしているのに触発されて、私も救助活動を手伝いはじめて驚かされたのは、この異様な光景に何の関心もないように、鞄を抱えて忙しそうに汗をふきふき、倒れている人をまたぐように通り去っていってしまうサラリーマンやＯＬが少なくなかったことである。

一九九五年二月の地下鉄サリン事件の時、ニュースに流れた映像で、やはり、地下鉄出入口付近の路上に倒れている被害者を横目に足早に歩いていってしまう通行人が少なからず映し出されていたのを見て、思わず、その二一年前、私自身が遭遇したこの爆破事件を思い出してしまった。このような通行人を非難する声もあったが、よく考えてみると、大事件の現場とは、意外とそんなものかもしれない。

普通、事件を事件として認識できるのは、その発端から被害に至る経過を一通り把握できて、日常とは確かに一線を画する出来事が起こったことがアナウンス、すなわち「事件の名付け」がされてからではなかろうか。交通事故のように、発端から被害までが一瞬に起こってしまうような場合はともかく、事件が異様で大規模であればあるほど、現場に置かれた人間は、何が何だかわからないまま、自分が当事者であるとも傍観者であるとも判断し難《がた》い曖昧《あいまい》な状態に放り出されることになる。

フツーの人の感覚では、大事件とは、新聞やニュースという日常生活とは無縁な別世界での出来事で、自分自身が巻き込まれるなどとは夢にも思っていない。だから、万一、そういう事件の現場に出くわして、それが大事件であると認識できなかったとしてもさほど不思議はない。

火災のような異常な現象が起こる場合ですら、目の前で起こっても何のことかよくわからないで放っておかれてしまうことがある。たとえば、営業中のコンビニエンス・ストアの屑籠《くずかご》から出火して、店内が火に包まれるまでの一部始終が、偶然、防犯ビデオに記録された例がある。

ビデオを見ると、屑籠から煙が立ちのぼっているのが見え、その近くの売り場で品定めをしている客も、煙を気にしてか、そちらに視線を向けている様子なのに、誰も何もせずに、手にした商品をもってキャッシャーに向かうという映像が数分続いている。煙は増え、ついには炎が噴出するが、その間、客が何回もその近くを通っているのに、客はおろか店員による消火活動も何もされないのは、キャッシャーに火事だということすら伝えられていないからだろう。棚の商品に燃え移って炎がいよいよ天井に届くまでになって、ようやく気づいた店員が消火しようとするが、時すでに遅かったのか、結局、店内を全焼してしまっている。

この火災では、幸い死傷者は出なかったが、深刻で大規模なケースとしては、一九八五年五月、イギリスのブラッドフォード市のサッカー場で発生して、五三人もの犠牲者を出した火災があげられる。この火災は、スポーツ施設の火災としては犠牲者が非常に多いばかりでなく、試合のテレビ中継中に発生したため、その一部始終が放映され、映像に記録されたことでも有名である。火災は、屋根付きの雛壇《ひなだん》状の観客席の下の空間に、ごみや荷物が溜《た》まったところで出火して、やがて観客席上に炎が突出し、観客席の天井に火がついて、出火から二〇分足らずで、全長一〇〇メートル近い屋根付き観客席が全焼したというものである。

映像を見ると、まだ煙も火も見えない午後三時四一分三〇秒には、後で火炎が噴出する部分の観客席付近で、数人の観客が、出火に気づいたそぶりを示している。その約二分後の三時四三分三三秒には、煙が観客席屋根の軒《のき》から流れ出る様子が映し出され、出火点の近くの観客が避難しはじめているが、その他の部分の観客はまだ試合に見入っていて、テレビカメラマンも、火災には気がついていない。カメラマンが火事に気づくのはさらに約一分後の三時四四分二八秒で、ほぼ同時に、試合も中断されている。この頃から煙の量は急に増えて、大量の黒煙が観客席屋根の前面から噴出しはじめ、さらに約一分後の三時四五分四〇秒には、炎が立ち上がった幅十数メートルのブロックの観客がグラウンド側フェンスに殺到しているが、同じ観客席でも出火点から遠くの観客は、傍観したままである。その直後、三時四五分五五秒に軒から、煙だけでなく火炎も噴き出すようになると、火災の拡大は速く、それから約一分で観客席のほぼ全体が炎上してしまっている。

犠牲者が多数にのぼったのは、試合中、観客席の入場ゲートに鍵がしてあったため、入場ゲート側に避難しようとした観客が火煙にまかれたことに大きな原因があったとされている。ほかにも、このように急激な火災拡大を招いた可燃性の屋根の存在や、適切な避難誘導をしなかった主催者や施設管理者、客席下の空間がごみ庫、倉庫がわりにされていたことなど、防災上の問題点が重なったうえでの惨事といえようが、ここでは、これだけ精緻に記録されている観客の行動に注目したい。

常識で考えると、観客席に火の手があがって煙も流れてくれば、人に指示されなくても、すぐに避難を開始しそうなものだが、映像を見ると、そのように振る舞うのは、せいぜい、炎の熱さを肌で感じるくらいに出火点に近い人だけで、同じ屋根の下にいても遠くの観客は、避難のような行動を起こすそぶりはほとんどなく、どこか、自分に危害が及んでくるかもしれない災害であるというふうにはうけとめずに、火事場見物のような視線で、出火点を見ているようである。犠牲者の多くは、出火点から遠くの席でゲームを見ていた観客だったが、観客席は、グラウンド側に避難するのなら、避難しはじめてから二分もあれば、全員が扉を通ってグラウンドに避難できるプランになっていた。結果論かもしれないが、試合が中断され、テレビのカメラマンも火災に気づいた時点で、観客席全体でグラウンドに向けて避難を始めていれば、ほとんどの人が助かっていたはずなのである。それでも、出火点付近の避難が始まってから、一分は経過している。

これらの火災のように、常識で考えれば、すぐに何らかの対策行動を起こしそうなのに、そうならないケースが後を絶たないのは、まず第一に、火事のような災害が、自分の目の前で起こるとは誰も思ってもみないので、その兆候や初期現象としての煙を見ても、それを火事と認識するような判断がはたらきにくいこと、第二に、自宅や勤務先、通学先の学校などのように、自分の体の延長のように親密に感じられる場所以外では、仮に、異常だと思ったとしても、どのように対処して良いか判断がはたらかなかったり、誰か施設の責任者が消火や避難誘導をしてくれるものと期待する傾向があることなどに原因があるのではないだろうか。自宅や、勤務先、通学先などであれば、毎日、長時間、生活しているだけに、ふだんとは違うにおいがしたり、煙が見えたりすれば、少なくとも、危険につながるおそれのある異常が起こっている可能性があると考えてみるだろう。

いわゆるマンションや勤務先などでも、きな臭いにおいがすれば、火事かもしれないので、においのする方を探そうとするが、火災警報が鳴った場合は放っておく人が多いといわれている。それは、火災警報は、火災感知器が、本当の火災ではなく、煙草などに反応して作動するいわゆる非火災報が多いからだ、との説もあるが、非火災報がめったにない建物や、もともと感知器が設置されておらず、手動の火災警報装置だけ設置されている場合でも、火災警報に反応しない人が多い。それは、火災警報が鳴っているのなら、火災はすでに建物管理者に感知されているのだから、管理者が何とかしてくれるだろう、と思ってしまうからではないだろうか。

考えてみれば、三菱重工本社爆破事件の時、私だって爆発が起こったことはわかっても、どこで何のために起こったかなど全くわからずに現場を動き回っていたのだが、「危機管理」の本質とは、こうした事件に敏速に適切な名付けをして、現場の曖昧な状況に終止符を打つことではないだろうか。

防災訓練などで、笛が鳴ったら火災が起こったと思って、リーダーの指示に従い、避難誘導灯などを見ながら、避難階段を通って外まで避難する、というようなことが行われている。大抵の建物は、避難を始めれば、ほんの数分で避難階段に入ることができるように設計されている。火災の初期に整然とこのような避難を始めれば、大抵の建物からは安全に避難できるわけだが、実際の火災では必ずしもそうならないのは、「火災と認めて避難を始める」ということがいかに容易でないかを表しているのではないだろうか。

さてここで、前項冒頭の話題、国際的に認知されるまで七年かかったアメリカ合衆国の独立を振り返ってみると、独立が成就するまでに紆余曲折はあったが、将来がはっきり見通せない段階で出した独立宣言こそが、強力な「名付け」の役割を果たして、その後の困難を乗り越える原動力となったのではないだろうか。独立宣言は、今日、アメリカの歴史的文書の中でも特別な地位を与えられているが、当時から、独立宣言がそのように位置づけられていたに違いないと思うのは、独立宣言起草にあたって主導的な役割を果たし、後にワシントンに続く第二代、第三代の大統領となったジョン・アダムズとトマス・ジェファーソンが亡くなったのが、ともに、独立宣言から正確に五〇年後の一八二六年七月四日だったからである。アダムズはこの時九一歳、ジェファーソンは八三歳で、当時としては異例の長寿であったばかりか、アダムズは、アメリカの歴代の大統領経験者全員の中で、二〇〇二年にロナルド・レーガン第四〇代大統領に更新されるまでは、最も長命だった。

アダムズは、植民地の糾合《きゅうごう》から独立、連邦政府形成の長い道のりを支えた中軸的政治家として、今日、再評価の声が高いし、ジェファーソンは、フランスからの植民地購入によって大陸国家としてのアメリカを出発させたことなどで、もともと歴代の大統領の中でも有数の評価がされていた。ともに、それぞれ違った側面から、その後のアメリカの原型を形作った代表的政治家といって良いだろう。アメリカは、この二人が大統領を務めた後も、一八一〇年代、カナダ等に対する領土的関心から起こした米英戦争などでは、外交と内政の両面で国家運営の危なっかしさを露呈していた。二〇〇一年のニューヨーク世界貿易センタービルの崩壊テロの時、アメリカ本土が本格的な攻撃を受けたのは史上初めてといわれたが、米英戦争では首都ワシントン特別地区にイギリス軍が侵攻し、ホワイトハウスを全焼させている。その衝撃は大きかったに違いない。

独立前の団結から大陸国家の成立までの中軸を担った二人としては、アメリカが国家として安定するのを見届けないうちは、安心して往生できなかっただろう。二人が独立宣言五〇年が祝われるちょうどその日まで生きながらえて亡くなったのは、偶然ではなく、この二人にとって、独立前の植民地運営から大統領時代、そしてその後までの数ある事件の中でも、独立宣言が群を抜いて重要な意味をもっていたからに違いないと思うのである。

宝の山とごみの山

私にもあてはまることだが、災害調査にあたる研究者には、放っておくと、ものがどんどん溜まってしまうという習性があるのではないだろうか。

それはなぜか考えてみると、まず、災害が起こって被害が出るまでには、災害そのものとは直接関係なさそうな様々な出来事や事情がからみあっているものである。調査を進めている段階では、いろんな事が関係しているかもしれないなと想像はついても、具体的にどんなことが関係しているかまではわからないから、手当たり次第に資料・情報をかき集める。身の周りにものが溜まってしまう第一段階である。

災害で起こった出来事を整理して記述し、被害に至った要因を分析して、報告書がまとまったりすると世間的には一段落なわけだが、大抵の場合、報告書の作成は最初からデッドラインが決められていて、それまでにわかったことしか報告書には載らない。ということは、災害が起こった段階では科学的に解明されていないことが原因で、災害現象や被害の発生に至っている可能性もある。このような段階で全部わかったと思ったとしたら、まあ、研究者や防災専門家としての才能は大したことはない。報告書くらいでは満足できない研究者は、調査した事例を手がかりに、新しい研究を始めたり、いずれ現象の理解がもっと進んだらもう一回、その事例を見直してみようと思ったりするであろう。そして、災害の一次資料は、手書きであったり一点しかないことが多いから、それをたまたま保有・管理している研究者が処分してしまえば、その資料が含む情報は、社会から永久に失われることになる。研究者としてそんなことはできないということで、ものが溜まる第二段階が始まる。

こうした資料や情報が、当の研究者の思惑どおり将来の研究に直結する幸福なケースもあるが、大抵の場合は、その本人ではそのうち手がつけられなくなって、何となく頭の片隅にひっかかったまま、資料は研究室や書斎のキャビネットに埋もれていく。周囲の人の目には「ごみの山」状態となるわけである。

しかし、そもそも、こういう災害資料を最後まで分析するのは、調査した本人でなければならないのだろうか。災害の性格は複雑化の一途を辿っているし、防災工学なども専門化・細分化されてくると、たとえば「火災」のような災害の一分野だけでも、一人で全体を理解することはできないようになる。

最近、火災については、火災によって放出されるダイオキシンや有害揮発物が、消防活動にあたる消防士や現場付近に居合わせた被災者に悪影響を及ぼすことや、火災後の建物や周辺環境に残存してしまうことなどが問題視されるようになってきた。火災の時の燃え方や温度環境は、ダイオキシンなどが最も生成されやすい範囲にあるのだから、当然といえば当然なのだが、このような問題に取り組んで行くには、これまで火災研究では扱ったことのないダイオキシンの発生機構や分析なども勉強しなければならなくなる。従来型の火災研究者ではもう、お手上げである。

もともと、いろんなことが関わりあって起こるのが災害の本性なのであるから、調査した本人だけで災害の全容を把握しようとすること自体、無謀なのかもしれない。この無謀な試みの一つの結末が、「ごみの山」なのであろう。それに、本人以外にも、そういう問題に興味をもったり、そのような資料を必要とする人がいることは十分に考えられる。災害が起こった時には当たり前過ぎて議論にならないようなことでも、時間がたつと当たり前ではなくなって、災害の背景としてあらためて浮かび上がったり、災害について新しい解釈ができるようになるかもしれない。

災害の経験を活かしていくためには、こうして溜まってしまう災害情報を、どうしたら、多くの人の間に共有される「宝の山」にしていくか、考えていく必要がある。ここで情報の公開を提言するのは、自然といえば自然だが、こうした情報の常として、災害の一次情報や資料は、誰でも理解できるような形では残されておらず、その内容は調査者本人しかわからなかったりする。災害情報が公開の場に進んで出てくるようにするためには、災害の一次資料をどのように整理するかという技術的な課題の解決と、調査者の名誉が確保されるための制度の整備が必要である。災害情報の公開や継承に必要な研究課題も、いろいろありそうである。

何が面白くて防災を研究するのか
——災害調査も命がけ

一九九一年カリフォルニア州オークランドで起こった大火は、サンフランシスコ近郊の丘陵地に広がる林野・住宅混在地で二八〇〇戸近くを焼失し、当時、日本で政策化されようとしていた木造三階建て共同住宅がそれに巻き込まれて全焼したこともあって、建設省の研究所に勤務していた私は、日にちを置かずに調査に派遣されることになった。

被害規模がアメリカ史上第三位のこの大火はアメリカ国内でも大きく報道され、私が以前、留学していたアメリカ政府の研究所でも調査団を派遣していた。その研究所に連絡をとって米側調査団に便乗し、現地消防の案内で被災地を回ったのだったが、焼失面積は何しろ約七・二平方キロ。凸凹の地形で起伏が激しいうえに道路は焼けただれてボロボロになっている。ジープを駆ったのは良いが、丘のてっぺんまで行って帰る途中の下り坂。運転していた州政府消防局の出張所長さんがブレーキをかけているのになかなか止まらないな、と思う間もなく、車体は、かろうじて形を留めている路肩を外れて斜面を滑り出し……気がつくと、ジープは道路から二〇メートル下の沢に横転し、出張所長さんは助手席にいた私の下敷きになっているではありませんか。

そしてその二年後の一九九三年七月。今度は、北海道は奥尻島で北海道南西沖地震の被害調査中、地元で手配していただいた車が崖からずるずると滑り落ちながらも、途中の電柱に引っかかって最悪の事態は免れるという経験をすることになる。この時は、オークランド大火の経験が生きたのか、意識は終始はっきりしていて、車が路肩をはみ出してから電柱にぶつかる二、三秒の間に、運転者にハンドルを切れと叫んだりしながら、今回も同僚を下敷きにして、無傷でしっかり生還している。

大災害の現場は、何かと不安定になっているものであるという教訓を身をもって体験してしまったわけだが、その一方で考えさせられてしまったのは、これらの事故で案内役や運転手を務めていただいたのはいずれも、救助や復旧活動で疲労困憊《ひろうこんぱい》しているはずの現地行政機関の人たちだったということである。

災害調査は、今後の対策のためにも必要だし、復興事業を進めるうえでも被害状況の正確な把握が必要なことはいうまでもない。地元でも、それを理解して現場の様子に通じた人材を案内などに出してくれるわけだが、睡眠時間いっぱいで現地に乗り込む調査団が、不眠不休の人たちや人手不足の被災地に余計な負担をかけるのはどう考えても釈然としない。もっとも、調査中に車が横転したり崖から落ちたりというような経験は、まともに勤務先に報告すれば、地元に迷惑がかかるし、勤務先でも、災害調査は危険だから二度とするな、ということになりかねない。今後も災害調査を地道にやっていきたいと思っている身としてはとても報告などできないわけだが、災害研究者ならたぶん誰でもそう思うだろう。こうして、災害調査につきまとう危険性は、日の目を見ることとなく見過ごされて、調査が被災地に与える負担がどういうものであるかも、なかなか被災地から外には伝わらない。災害に関する学会などでも、たぶん、組織的には把握されていないのではないだろうか。

そして、もっと重要なことは、たまたま調査に行った人間でもこういう経験をするのだから、被災地で救助や復旧・復興にあたっている人たちや継続的に取材している報道関係者、また被災者自身は、もっと頻繁に危ない経験をしているに違いないということである。一九九一年初頭から火山活動が活発化していた雲仙普賢岳は、その年六月三日に大規模な火砕流を発生し、調査中の研究者、報道関係者を含む四〇人の死者と三人の行方不明者を出したが、このように、災害被災地での事故も、死亡事故などにならない限り、被災地から外には伝わってくることはないのである。

ところで、阪神淡路大震災の時は、いろいろな大学・研究機関が調査団を送り込んでいたが、なかには、被災地の住民や自治体の方から見れば大同小異といわれても仕方がない調査も少なくなかっただろう。調査しているのが、建築防災や耐震工学のプロなら、被災した建物について何かアドバイスしてくれるかもしれないと、被災地の人が期待して尋ねてみると、「我々は調査するだけ。相談には乗れない」というのが、調査者からの返事の通り相場だったといわれている。調査団は、今後の防災に活用するという大義名分のもとに、打ちひしがれている被災者からも事情聴取したりしているわけだが、当のその災害で被災してしまった人に、次にいつどこで起こるかわからない災害に役立つからといっても、なかなか理解してもらえるものではない。調査結果だって、ちゃんと分析して公表しなければ次の災害には活用のされようがないわけだし、調査報告を公表しても、本棚の肥《こ》やしになってしまうようだと、将来、活用されるかどうか心許《こころもと》なくなる。研究者として責任があるのは発表まで、という考え方もあるかもしれないが、情報も研究者も氾濫する今日、本当にそれで良いのだろうか。

調査中に自分のビルを診断してくれといわれて閉口したという話は、私自身、震災調査にあたった何人もの構造系研究者から聞いているのだが、その度に思ったのは、そうやって被災住民の頼みを断った研究者たちは、意外と貴重な情報を得る機会を見逃していたのではないかということである。

地震調査とはいっても、ほとんどは建物の外観から被災状況を観察しているのであって、私有財産である被災建物の中まで入る機会がそうあるわけではない。特に住宅などはその傾向が強いのであるから、被災者が、建物の中まで見てくれというのだったら、モノによっては相当、貴重な機会ではないか。地震の被害も、建物構造だけでなく、構造部材に数えられていない天井や間仕切りのようなものの崩壊、家具の倒壊など様態は様々で、そういうものは、人命安全上、重要ではあっても、建物に入ってみないとわからない。沢山の研究者が被災地に入っているのなら、建物の外観でわかるような被害は、放っておいてもどこかで調査しているはずと割り切って、少ない数の建物を、丁寧に診断してみるような活動をすれば、学術的にもそれなりにユニークな調査になったのではないだろうか。

それに、災害調査などは、事前に調査用紙等を用意して、それに沿って調査を進めるのが基本だが、こうした調査用紙は大体のところ、それまでの災害事例をもとに作成されている。しかし、大きな都市型地震災害などはそう頻繁に発生するものではない以上、過去の災害で明らかになっている問題点とは違った問題が立ち現れている可能性も小さくない。大勢で手分けして行う調査の足並みをそろえるために共通の調査用紙を用意するのは良いが、それだけに頼った調査になってしまうと、その次の災害に備えるための新しい発見は生まれないかもしれない。

いや、そもそも、阪神淡路大震災クラスの大災害の現場に行くと、研究者としての知識の狭さが痛いほどわかるものである。学問や技術はどんどん専門分化していくものだが、大災害は、こうやってそそりたつ専門の壁などお構いなしだし、調査しなければならない建物が、自分の得意な専門分野に当てはまるとも限らない。

ビルの耐震性能をはじめ、防火性能などは建築基準法などの防災法令に従って設計されているが、法令は時々改正されるから、古い建物になると、建った時の法令には合っているが今の法律には合っていないのが普通である。そこで、過去のある時期に建てられた建物に被害が集中するというようなことが起こるが、そうなると、災害調査をする時には、建物を見ていつ頃建てられたものかを判断でき、その頃の法律はどうなっていたかがわかるかどうかで、調査から引き出せる知見に大幅な違いが出ることになる。

ちょっと建築の専門に立ち入るが、鉄骨は、そのままでは火災の熱に耐えられないので、高層ビルなどの耐火建築物にするためには、普通、不燃断熱材で鉄骨を覆ってしまう。これを耐火被覆というが、工場や倉庫のような低層の建物では、鉄骨でも耐火被覆せずに鉄骨むき出しとしている場合もある。火事には耐火建築物ほど強くないので、準耐火建築物といわれている。

阪神淡路大震災の時は私も火害調査に参加したが、被災建物を一棟ごとに記録していた際、地震と火事で鉄骨むき出しになった四階建てのビルを見て、鉄骨むき出しで耐火被覆がないから、準耐火建築物、そして四階建てと記入して、はたと気がついた。神戸のような市街地に四階建てを建てるには、法令上、鉄筋コンクリートや、鉄骨を耐火被覆した耐火建築物としなければならないのであって、鉄骨むき出しの四階建てなどという建物はあり得ない。それなのに耐火被覆なしのむき出しの鉄骨で四階建てが実際に建っているということは、

A　耐火構造の設計図で建築確認を取った後、工事で手抜きして耐火被覆しなかった。

B　鉄骨むき出しでも構わない三階建て以下の建物として建築確認を取った後、工事中か、建物完成後にごまかして四階建てにしてしまった。

のいずれかによると考えざるを得ない。ちょっと極端な例かもしれないが、このように、町中に建っている建物は、皆、法令どおりに建っているというわけでもない。そして、法令から大きく逸脱している建物に被害が集中していることが多いので、震災調査の際、建物のどのような条件が重大な被害に結びつくかを明らかにしたいと思ったなら、建物が、一体、どういう法令違反をしているかも視野に入れる必要がある。

しかし、ふだん、研究室でコンピュータにかじりついていたり実験室に閉じこもっているような研究者は、大体のところ、建築基準法に防災規定がどう書いてあるかなんて知らないし、実際の建物がどうなっているかも良く知らない。いわんや法令の防災規定が現場ではどう手抜きされているかなどという不純な知識は、真面目な研究者ほど持ち合わせていないものである。でも、災害の時に被害に決定的に

影響するのは、このように、蛸壺《たこつぼ》型の研究者が最も苦手とする領域の問題であったりするのである。こういう下世話な原因でなくても、建築や土木構造物の構造などの耐震性や耐火性に関する実験は、大体のところ、柱や梁《はり》、壁というように部材に分けた状態で行われていて、建物全体でどうなるかなどという実験は、巨大な施設と膨大な費用が必要だから、滅多に行えるものではない。この意味では、構造の安全性の考え方は、部品の性能を組み立てれば、建物全体も予測できるという仮定のもとに成り立っているといってもよかろう。実物大の実験が困難で、まして実際の建物の条件を網羅できるほど系統的に多数の大規模実験を行うなど不可能である以上、それはやむを得ないことではあるが、それで大きな誤りをしないためには、エンジニアとしてそれなりの洞察が必要である。

一九九四年一月、ロサンゼルス近郊で起こったノースリッジ地震にいち早く駆けつけて調査した日本の地震災害専門家たちが、倒壊した高速道路をバックに、こういうことは日本では起こらないと歯切れ良く語っていたのが広く報道されたことがある。ちょうど一年後の神戸では、揺れの程度も、崩壊の機構も違うにせよ、素人目にはもっと無惨なことが起こっているのだが、彼らの場合も、もし報道どおりに考えていたのだとしたら、実物の構造物が実物の地震に遭遇して起こる出来事と、実験室でできる範囲の実験に多くの推論を交えて予測したこととの間に起こり得るギャップや、耐震設計といえど、どんな地震に対しても安全を保証しているわけではない、ということに無自覚だったといわざるを得ない。

耐震設計では、実際に観測された地震波等を想定して設計している以上、それ以上の揺れや性質が大きく異なる地震に対しても、安全性を保証できるとは限らない。ノースリッジでは、あるいは、耐震設計で想定した地震が小さ過ぎたのかもしれないが、かといって、何千年に一度しか起こらないような超大規模地震に高速道路が耐えなければならないということもなさそうである。高速道路の耐震性を問題にするのなら、それがどの程度の地震に耐えるように考えられていて、その役割を確かに果たしたかどうかということと、耐えるべく想定した地震のレベルが、高速道路という公共性の高い用途からみて、妥当だったかどうかという視点からなされるべきであった。また、想定を超える地震に襲われれば必ず、大きな被害を受けると限ったものでもない。そのことは、阪神淡路大震災で、同じ耐震基準に基づいて建てられたはずの建物が群がっていたのに、無傷に近かったものから倒壊してしまったものまで地震の影響は様々であったことが如実に示している。一本の高速道路の途中で構造が変わっていたのを境に、倒壊した部分と大した被害を受けなかった部分に分かれていたりしていたのをご記憶の方もいよう。構造や防災の設計者の中には、法令基準に合致しさえすればそれで良しとしないで、基準が想定した事態を超えた状況になっても破局的な被害には至りにくいように工夫を凝《こ》らす人もいる。災害調査では、被災建物だけに目を向けがちだが、大した被害を受けなかった建物を、一体なぜ被害が少なかったかという視点から調べることも大切ではないだろうか。

　地震調査をすると、被災地で被災建物を診断してくれといわれることが多いといったが、被災地で診断してくれないか、と不安そうに相談をもちかけられるような建物のほとんどは、建築構造研究の最先端とはほど遠いとされる種々雑多な構造の住宅などの低層建築であろう。そういう建物が、地震で再利用できるかどうか危ぶまれるような影響を受けるのなら、そこに建築防災上の研究課題もあるはずである。大地震後も取り壊さなくて良い建物が増えれば復興の公共的負担は軽減されるし、何よりも住民が被災地に留まり続けることで、地域社会の崩壊をくい止めることができる。阪神淡路大震災後、古い構造基準で建てられた建物の耐震補強などが進められはじめたが、こういう低層建築では、その進展ははかばかしくない。地震調査をしている人に相談をもちかけてくる人たちの不安は、そのような建物のどこに問題があって、その持ち主や住まい手は自分の建物の安全をどう考えているか、このような建物の地震安全性能を向上させるには、研究室に閉じこもって進めるような研究とは別に何が必要か、というような問いかけと響き合うものがあったのではないだろうか。ひるがえって、そういう建物を診断してくれといわれて困るという研究者で、こういう建物の診断がまともにできる人が、果たしてどれだけいるのだろうか。

災害調査に行くのは、体力もあって、少なくとも災害事例をよく勉強した専門家であるならば、被災地ではボランティアとしての使い道もありそうである。型どおりの学術的調査だけに専念するのではなく、調査時間の半分でも良いから、被災したり救助・復旧につとめる人たちの間に入って活動するようなプログラムをたててはどうだろう。そうすれば、被災地や被災者にとって何が本当に必要であるかを肌で感じることができるという点で、被災地を調査サンプルとしてつきはなしてしまいがちだった旧来型災害調査と根本的に違う血の通った視点が生まれるのではないかと思うのは、素朴過ぎるだろうか。

Ⅱ

一九九九年集集大地震にみる「危機管理大国」台湾

二〇世紀末の一九九九年には、世界のあちこちで地震や洪水による大規模な被害が発生したが、台湾中部で九月二一日未明に起こった集集大地震は、その筆頭の一つに数えられるものである。震央に近い南投県、台中市などを中心に、死者・行方不明二〇〇〇余を出している。

台湾を含めて一九九〇年代に入った頃からのアジアの災害・事故事情には、日本の高度経済成長期の事情によく似たところがあり、日本の経験は、災害を全般的には克服してきたというプラス面でも、また防災に関する政策や慣習で成功していないものを見習わないでもらいたいという意味でも、アジア諸国のこれからの防災に大いに役立つのではないかと考えている。とりわけ台湾には、日本への留学経験者など、日本語を解する人も多いので、日本の情報は、利用していただきやすいのではないだろうか。

台湾には日本語を解する人が多く、生活文化面でも近い関係にあるという事実は、逆に、台湾の災害には、日本としても学ぶことができる点が多いことを意味している。私が理事を務めるNPO法人災害情報センターは、災害や事故事例の情報データベース化とその活用による安心社会の構築への貢献をめざして九九年に発足したばかりだが、台湾についてはこのように考えられることを背景に、テストケースとして、地震の一ヶ月後に台湾の都市計画専門家の来日助成を行い、一一月初旬には、職員と会員の専門家を台湾に派遣・出張助成している。この地震では、日本政府は、日中関係を考慮して、国連から要請される範囲を超えた調査や協力を控えているが、本センターとしては、政治的なしがらみに縛られずに市民レベルでの防災・復興協力に貢献したいわけだから、台湾の行政関係者とも積極的に意見・情報を交換している。

さて、台湾では、戦前の日本統治時代に、一〇〇〇人を超える犠牲者を出した嘉義地震（一九〇六年）や、最近はリサーチパークとして有名な新竹で三〇〇〇人以上の犠牲者を出した苗栗地震（一九三五年）のような顕著な被害地震もあったが、その後、長い間、地震の脅威が忘れられていたことを背景に、建築構造の耐震規定の整備が遅れて、この地震で少なからぬ建物や土木構造物が大きな被害を受けたり、電力等のインフラの復旧に手間取ったことなどが指摘されている。しかし、注目されるのは、地震後、政府のとった対応が極めて迅速機敏だったことである。ざっとまとめると、

午前一時四五分　地震発生。

午前二時〇〇分　行政院に対策本部設置、国防部に出動要請して約二〇〇〇〇人の兵士投入。救助活動にあたる。

午前三時三〇分　蕭万長行政院長が記者会見。対策本部の設置を発表、救援活動に全力をあげると表明。

早　朝　台北市、桃園県、台中市、南投県等で通学禁止令と民間企業の休業指示。証券市場等も休場。

午前七時五〇分　台湾内政部が、死者一二一人、負傷四五六人、行方不明七五六人と発表。
午前一一時頃　李登輝総統が被害の深刻な南投県にヘリコプターで到着。
午後四時〇〇分　国民党が、地震の経済的損失は一〇〇〇億台湾元（当時の為替レートによると約四二〇〇億円）と表明。
午後八時〇〇分　台湾内政部が死者一五四六人、負傷三八四一人、行方不明二五二九人と発表。
二五日　李登輝総統が被災地域を対象に半年間の超法規的行政措置を可能とする「緊急命令」発令。

このように政府が地震に迅速に対応できたのは、その四年余り前の阪神淡路大震災を研究していたのに加えて、震央から一〇〇キロ離れた台北も激しく揺れて、建物の被害を出したことも影響したといわれているが、それを具体的に肉付けしたのは、やはり長年にわたる大陸との緊張関係だろうか。

台湾は、世界の半導体工場ともいわれているが、地震で工場や港湾が一時機能停止したため、その直後から、半導体の国際価格が上昇した。しかし、台湾最大の積出港、台中港の被害が少なかったのは不幸中の幸いで、結局、半導体生産や出荷体制が復旧した後も、半導体価格はそうは下がらず、台湾のコンピュータ業界は地震で焼け太りしているなどと、陰口をたたかれている。台湾は、九州と同じくらいの狭い面積に二〇〇〇万を超える人口を擁して、人口や産業の密度も高いから、地震や台風のような広域的自然災害に襲われた時のダメージが大きくなりがちだが、産業界は大陸や東南アジアにどんどん工場進出していて、産業全体としては、台湾で地域災害が起きても致命的な影響は受けないとの説もある。

国際政治的に厳しい環境にある台湾としては、大陸や国交のない国にどんどん投資することがリスク管理上、理に適《かな》っているかといえばちょっと不安があるし、大陸や東南アジアの産業発展が続けば、人口総数がそう多いとはいえない台湾自体は、よほどのハイテク化でも進めないと、その存在感の源泉である経済力や技術力が埋没してしまいそうだが、この辺も、たくましいといえばたくましい。

もっとも、長い間、台湾で地震の脅威が忘れられていたといっても、集集大地震の震源となった南投県やさらに南方の嘉義では、戦前、それぞれ何回も被害地震が発生しているし、国民党政権下の一九六四年にも、死者一〇〇人余りを出した台南東北地震が起こっている。その後、一世代以上にわたって大地震が起こらなかったことの方が台湾の地震史では例外的だったのであり、台湾はもともと、日本列島からフィリピンに連なる地震多発地域に属している。台湾の東、南西諸島海溝付近では、台湾を載せたユーラシア・プレートにフィリピン海プレートが南東から衝突しているため、無数の地震が発生している。それが、これまで大きな被害に結びついていないのは、台湾では、平野を成している西岸側に人口が集中していて震源から遠いため、影響が及びにくいからに過ぎなかった。

台湾には、このように地震の事例も脅威もあったのに、あまり目が向けられてこなかった背景には、長い間、単に大陸からの侵攻を警戒してというよりは反政府運動を抑えるためではないかと疑われる戒厳令が敷かれていたという事実や、過度の経済優先路線があったのだから、台湾の長年の政治的緊張の経験や先端技術と経済で世界を乗り切っていこうとする傾向も、手放しで賞賛するわけにもいかないが、こうした政府の対応とは別に、集集大地震では、宗教団体や学生などのボランティアが数多く早くから被災地に入って、二次災害防止活動や被災者のケアにあたっているのは、台湾における市民社会の成熟を物語るものといえよう。

台湾の地震で日本が学ぶべきことは、被害の様態よりも、行政の対応の迅速さとそれを支えた制度などの社会的インフラのあり方ではないだろうか。

ギリシャ正教僧院半島リスク管理の一〇〇〇年

二〇〇〇年六月、私は北部ギリシャのテサロニキで開催された歴史的建造物・文化財の防災に関するシンポジウムに参加した。シンポジウムは、前半の三日間は大学の会議場で型どおりの国際会議として実行されたものの、後半は、現実の文化財建造物で討議ということになって、男性参加者のほとんどは、テサロニキから車で約四時間、半島全体がギリシャ正教の僧院群の領地というアトス山に赴《おもむ》くこととなった。アトス山は、一〇世紀以来、ギリシャ正教の宗教施設としての歴史をもち、現在もギリシャ領ながら教会による自治権を保有して、ギリシャ官憲であっても正教会の許可がなければ入れない。しかも、僧院だから女人禁制。ということは一〇〇〇年を超える間、この半島には女性が入らなかったわけで、「男性参加者」しか行かなかったのはそのためである。

アトス山は凄《すご》い、という話は、十数年前にその僧院の一つに滞在したことのある先輩研究者から聞いてはいた。まあ、ギリシャ正教のお坊さんは、写真で見るとまっ黒な帽子に衣服をまとい、髪を切らない習慣から長髪を束ねて髭《ひげ》ぼうぼうと、私の世代には、倫理社会の教科書や文化大革命期の天安門広場の映像などで見たエンゲルスみたいで、どことなくコワそうだし、アトス山は海岸からいきなり標高二三〇〇メートルと日本アルプス並みの山が切り立つとんでもない地形である。ギリシャといえば温暖な気候を連想するし、私が訪問したのは六月なので乾いた暑さと潮風が快かったが、冬になれば一メートルの雪が降り積もることもあるのだそうである。アトス山に入山するには、半島の付け根にある入山管理事務所でパスポートを示して入山許可をもらい、船で半島各部にある船着き場に向かうという段取りになる。

アトス山に二〇あるという僧院で、私たちが滞在することになったのは、一四世紀創建のシモノペトラ僧院。船着き場から切り立った崖状の傾斜地の途中、海面から一〇〇メートルを超える高さから、石造九階建てのチベットの城塞とでも(もっともチベットに城塞というものがあるのかどうか知らないが)いわれればそのまま信じてしまいそうな神秘的な建造物が張り付いている。もともとあった岩塊を囲んで壁を建て、梁で結んだという構造上、内部は迷路さながらで、ウンベルト・エーコの『薔薇の名前』に登場する中世の迷宮のような僧院もかくやであったかと思わせる。

わざわざこんなところに建っているのは、もともと平地が少ないだけでなく、昔からこの近くに出没した海賊の侵入を防ぐためだったといわれている。

僧院には創建当初から伝わる聖像画をはじめ、古文書、各国から寄進された宝物などが保管されている。海賊はそういうものを狙ってくるのだろうが、確かに海に迫《せ》り出した尾根の上から海を見下ろすと、視界を遮るものは何もなく、海賊が迫ったとしても僧院には容易に辿り着けないから、対策を講じやすかったのであろう。僧院から獣道のような小径を海岸に降りて行くと、野菜や果物を栽培する段々畑に混ざって、いざとなれば石を落として攻め上がる海賊を追い返したり、道を塞いでしまう砦《とりで》の跡などが残っている。半島の他の僧院の中には、もっときわどい崖に建っているものもあって、俗世から離れたはずの僧院半島生活を維持するのもなかなか大変であったことが推察されるのである。

僧院は突出した岩の周りに張り付いているが、その岩の頂上は平らにならされて、僧院の中庭になっている。そしてこの中庭には、いかにも正教会風のキューポラが三つ並んだ教会が建っていて、僧院の外観が堅固な城塞のように見えるのとは対照的に、天上的な安らぎに満ちた素朴で静かな空間を醸《かも》し出している。僧院のメンバーは、毎朝、夜の明ける前からこの教会で祈りを捧げるのを欠かさないという。

この僧院も、何度かの火事で再建を繰り返したが、外壁自体は昔のままなので、空間構成も外観も数百年、ほとんど変わっていないのだそうである。ちなみに僧院で使っているカレンダーはユリウス暦なので、我々が使っているフツーの日付とは半月近くずれているうえに、時計も、東方教会の時刻制をとっているということでこれまたフツーの時計より三時間くらいススンでいる。

こういう世界が、ヨーロッパ統合が話題となり、通貨統合も目前にしていた地域に今でも存在するという事実には驚かされるが、でも、本当にびっくりしたのは、黒衣に髭ぼうぼうのお坊さんの多くが英語はペラペラ。僧院で使う水は、山のさらに上方にダムを造って貯水し、エネルギーは太陽光発電・水力の併用にディーゼル発電機の組み合わせで、こういう人里離れた立地にありながら、どんな事態でも停電になったりすることはない自立型社会が成立しているということである。

人里離れた半島の奥深い本僧院では、ギリシャ本土からの電力供給は届かないので、ダムを建設して水力発電できるようにしたのに加えて、最近では四五キロワットの太陽光発電を導入して、天候・気候によらず僧院で必要な電力をまかなう体制を整えているのだそうである。道路の下に造られた電気室を見せていただくと、イコンが掛けられているのがいかにも正教会である以外は完全に現代的な機械室で、僧院の情報的心臓部ともいえる図書館の検索システムもパソコン化され、バッテリーを入れて、無停電化も達成されている。太陽光発電の能力は、六五人という僧院の人口と、これらの機能を考えると不十分のような気もするが、日中は、窓のない部屋や図書館など以外はほとんど電灯を使わず、空調は当然使わないという生活では、それでも良いということなのだろう。

そういえば私たちが本僧院に向かう前日、僧院から急に会議事務局に連絡が入り、僧院来訪時に水道管の継手をもってきて欲しいとの不思議な要請が届いて、会議を手伝っていた学生が町に買い出しに行っていた。水道管の故障で使った部品のスペアを補充したいということだったが、後で聞くと、その要請もEメールだったのである。

水道をはじめ、電力自給システムなども、管理が僧自身の手で行われているということであるわけだが、こういう現代的技術と、衣服は黒ずくめで髭はぼうぼうという中世そのままの世俗離れした姿のギリシャ正教僧とが、私の頭の中ではなかなか、結びつかない。しかし、考えてみれば、僧院所領地で完結した生活を送らなければならないのは、アトス山開山以来の伝統で、都市から隔絶した、か細い半島という地形からみて、現代でも、そう簡単に外部との交渉ができるとは思えない。ということは、中世へのタイムスリップかと思わせる僧院建築にこのインフラは、何とも場違いな組み合わせなように見えて、実は、連綿と続く自給自立の伝統の自然な継承であるわけである。そして、人里離れて、電気、水道などを使いこなすには、僧院メンバー自身で維持管理しなければならないわけだが、聞けば、この僧院に六五人いる僧の中には、機械工学や電気工学の大学院レベルの学位や資格をもっている人もいて、この電気室は、そういう資格をもつ僧自身によって企画設計されたというのである。

しかし、機械工学の修士がどうして僧籍に入って、こういう人里離れた僧院で生涯を送るという人生を選択するのだろうか。

この電力システムを説明していただいたお坊さんはじめ、僧院には、前述のようにギリシャ正教の修行にあまり必要がなさそうな英語がぺらぺらな人は多いし、僧になる前は、フランスで哲学を専攻していたとか、オランダの大学で統計学を教えていたというようなお坊さんもいる。聞けば、僧になる最も普通のコースは、成人前に自発的に僧院に入って修行を始めるが、その年齢では、本当に僧に向いているか、また僧を一生続けられるかどうか、自分で本当に見極められるとは思えないので、修行とあわせて大学等に通わせて、社会勉強をさせるとともに、社会で職業人としてもやっていける能力を身につけてもらう。こうして、本人が正式に僧となるかどうか決めるのは大学卒業後ということになる。技術も身につけ、社会もじっくり見た後で、やっぱり僧になるということなら、正式に僧として迎え入れるのだそうである。だから、若者の一時の情熱に駆られて坊主になったは良いが、後で向かないことがわかって坊主をやめようにも（ギリシャ正教では、僧籍に入ったら還俗できないわけだが）世間で使いものにならない、などということは起こらない。

一方、僧院メンバーは、こういう経験を経ているので、ほぼ全員、社会で十分に飯が食える技術や資格をもっていて、僧院で、そのような技術や資格を活かした活動を聖職の一環として続けている僧も少なくないという。その辺は、ギリシャ正教のみならず、宗教人に対する一般的なイメージとはかなり違っているが、ヨーロッパからのシンポジウム参加者も、この話に驚いていたから、同じキリスト教でも、カトリックやプロテスタントとは大いに違っているのだろう。

さて、僧候補として僧院に入った若者が、大学を落ちこぼれたり、卒業しても僧院に入らないと決めた場合はどうなるのか。

機械工学修士のお坊さんに聞いてみると、僧候補として僧院で受け入れるくらいの人ならば大学で落ちこぼれたりすることはないし、仮に落ちこぼれてしまうようならば僧のような厳しい生活はできないので、僧院に残ることはない。また、卒業して社会に出ることに決めても、本来が能力のある人材なので、ほとんどの場合、世間で人望のある人物として成長し、教会を世俗側から支える人になってくれるので、「投資」としては損にならない。僧院の支援で大学を卒業して僧にならない道を選んだとしても、遠慮はいらないし、僧院としては温かく社会に送り出すのだそうである。中世を現代に伝えるのも、周到なリスク管理をはり巡らせてのことのようである。

さて、古くは断崖絶壁への立地と城壁のような外壁で海賊の襲撃に備え、現代では、太陽光と水力による発電と巨大なバッテリーでエネルギー自立（水力発電用のダムは、貯水も兼ねている）をめざすシモノペトラ僧院の歴史で安全上、止むことのない悩みが火災である。

灯火を使っていた頃には、僧院内部から出火したこともあったようで、石を積んだ外壁と岩場を結んだ木造の梁には、何世紀か前の火事で表面が炭化したものもある。木材をとり替えたり、せめて表面を削れば綺麗になりそうなものだが、火災への注意を喚起するためにそのままにしてあるのだそうである。そういえば、アトス山半島の付け根から船でこの僧院に向かう途中、前を通りかかった聖パンテレイモン僧院の海辺に建つ五階建ての巨大な建物は、一九六八年の火災で全体の半分の屋根が焼け落ち、内部を全焼したままになっている。石の外壁ががらんどうの空間を取り囲んで、建物の外にいる我々の目に、窓を通してその内側に青空が見えるのが、何とも不思議である。

気候が乾燥し、落葉性の灌木《かんぼく》も多いアトス山では、時々、落雷などが原因で枯れ葉や枯れ木に着火して、山火事が起こる。大して燃え広がらずにボヤで終わってしまうことが多いが、僧院が立地するような断崖で出火すると、建物火災の時、壁が燃えると激しく燃焼拡大するのと同じ理屈で、大火になることがある。なかでも一〇余年前、シモノペトラ僧院の建つ崖の海辺近くで発生した火災は、またたく間に僧院の石壁まで届き、僧院あげての必死の消火活動でようやく類焼を免れたのだそうである。今回、「歴史的建造物・文化財の防災に関するシンポジウム」に場所を提供していただいたのも、そういう経緯かららしい。

ところで、オーストラリアやカリフォルニアでは、ユーカリやマツが燃えて頻繁に山火事が起こるが、ユーカリもマツも樹脂が多くて燃えやすい樹木である。もともと乾燥で火事になりやすいところへもってきて燃えやすい木が生えるので、よけい火事になりやすくなるわけだが、ここ、アトス山でも山火事が宿命のようになっているのは、乾燥した気候に樹脂の多い木が生えるのは植物生理学的に理に適っているからであろう。山火事の跡を案内していただいたお坊さんに、燃えにくい木を植林すれば火事の危険は減るのではと聞いたら、そういう木はアトス山では育たない、自然の摂理には逆らえるものではないから、逆らえないなりにどう安全にするか工夫しなければ、との答えである。

その答えは、どことなく禅問答めいた東洋的な響きを含んでいたが、最近における水力や太陽光による発電の実績からみて、たぶん、一〇〇〇年に及ぶアトス山の歴史の中では、燃えにくい木の植林を試みたこともあるのであろう。そして、その試みは、火災防止とは別の何らかの重大な問題を引き起こしたのではないだろうか。そもそも、宗教施設の場として、このように生産活動にも商業にもおよそ適さない特異な地形で、指のように細長い半島を選んだこと自体が、世俗社会との接触や世俗世界の領土的関心を遠ざけることを狙ったためであろう。海に接しながら頂上が標高二三〇〇メートルという地形も、農業生産力が高いとはいえないが、旱魃《かんばつ》などの気候の変化の影響を受けにくく、人口を限定すれば、それなりに安定した生活の場となり得よう。アトス山の一〇〇〇年の歴史は、リスク管理の実験とその結果の宝庫でもあるようなのである。

飛騨高山の先端的伝統防災システム

私は、阪神淡路大震災のちょっと前から、飛騨高山の町並み保存地区の防災事業を手伝っている。
高山といえば、屋台の繰り出す壮麗な祭りと江戸時代に天領として栄えた面影を残す町並みが思い浮かぶが、歴史的町並みで特に有名なのは、市を南北に貫く宮川東岸のいわゆる三町地区で、電柱を撤去し、新増築の建物も古い町家と同様にしつらえたその町並みは、文化庁から重要伝統的建造物群保存地区（舌を噛みそうなので、略して「伝建地区」、「重伝建地区」等ということが多い）に選定されている。観光などで赴かれた読者も少なくないであろう。

歴史的町並みが現在まで残っているといえば、土蔵が火事に強いからとか火の用心の伝統が生きているからという説明が飛んで来そうだが、事態はそう単純ではない。

高山に土蔵が多いのは事実だが、そのほとんどは街路から見えない奥に引っ込んでいて、生活が営まれているのは木造の柱や梁がむき出しの民家である。その様子は、伝建地区内のお店、特に造り酒屋を訪れれば一目瞭然である。重要文化財の日下部邸や吉島邸は民家建築としても特に有名で、インテリアは写真などで広く紹介されている。

歴史的にも、一七二四年以降、高山で数百戸を焼失する大火は六回も起こっていて、町並み保存地区の民家の多くは実は、江戸時代ではなく、明治八年、一〇〇〇戸以上を焼失した大火の後の建設なのである。近いところでは、一九九六年に、この地区内で出火し、出火確認後は消防団などの活躍で迅速な消火活動が繰り広げられたが、それでも、約二〇〇〇平方メートルを焼失する大きな火事も起こっている。黙っていても火事に安全な市街地とはとてもいえないわけである。

住まい手の条件からみると、高山に限らず、全国に四〇を超える町家型重伝建地区のほとんどは、高齢化や人口減少が進んでいるが、現在、日本における火災や地震、さらに日常生活での転倒事故などの被害者の過半は高齢者で占められ、出火件数も高齢化世帯で目立っている。

こういう点でも、歴史的町並みでは、災害に対する安心度が低下しているといわざるを得ないが、事実、一九九〇年代に入った頃にはすでに、全国で、文化財や伝建地区で貴重な歴史的建造物を焼失する火災が目立って増えてきていた。町並み保存運動は、一九六〇年代後半くらいに一部の歴史的都市で始まり、「伝建地区」のように町並み保存を支援する制度も、一九七〇年代には発足しているのだが、こうした住民ぐるみの運動から十数年を経ると、町を支える世代の交代も始まって、町並み保存運動は、地域社会の将来を見据えて、これまでとは違った一歩を踏み出していかざるを得なくなってくる。

しかし、このような歴史的町並みの防災的諸条件を見渡してみると、それらは実は、日本の大都市が今後、直面せざるを得なくなってくる課題の多くを共有していることに気づく。まず第一に、歴史的町並みは、建築防災工学の乾いた目で見れば、要するに老朽密集市街地なわけだが、阪神淡路大震災で大きな被害を出したのは、まさに密集市街地だった。

密集市街地が地域防災上の大きな問題であることはつとに指摘されているのだが、権利関係の複雑さなどもからんでそんなに短時間に解消できるものではない。しかも、低層市街地を再開発して高層ビルにしたら、かえって居心地が悪くなってしまったという例も枚挙にいとまがないのである。加えて、駅前のように立地が便利なら再開発の採算もとれようが、再開発をしようにも、経済的な条件がそれを許さない場合も多い。密集市街地の再開発自体が容易でなく、再開発の方法にも万能薬となる解決がない、となると、大都市における密集市街地の安全は、密集市街地自体はそう簡単・短期間には解消されないという前提のもとに見直さなければならないことになる。第二に高齢化社会の到来。二〇一五年には、日本全体で四人に一人が高齢者になると予測されているが、町並み保存地区のほとんどは、二一世紀になる前にその状況を超えている。密集市街地は、同時に高齢化や若年人口の空洞化も進みやすいとされているわけだが、それは、歴史的町並みのほとんどですでに現実になっていることなのである。

密集市街地の地域防災上の問題点が広く世間で認知されるようになったのは、何といっても、一九九五年の阪神淡路大震災がきっかけだったが、高山で町並み保存地区の防災計画や防災事業を始めたのは、震災前年、一九九四年のことである。ということは、このような顕著な大災害がなくても、事業化を検討するほどに、地域防災の必要性を認めたことを意味している、という点が重要である。しかも、その後は、この地区にもともとあって町並みを特徴づける要素でもあった側溝を、防火水槽と連結して火災時には消火用水供給網とするシステムや、出火信号を近隣住戸にも自動的に送って、火災が広がる前に消火や救助、避難に取り組めるようにするシステムの導入をはじめ、先端的・実験的な防災技術を導入したり自力で開発したのを含めて、全国の歴史的町並みをリードするような地域防災活動を展開している。この活発さは一体、どこから生まれるのか。

全国どこでも、地域防災は、総論は賛成されても各論になると必ず大きな困難にぶつかるというのが通り相場なのか、この町ではどうして地域防災に対する取り組みがこんなに熱心なのか。それが解明されれば、歴史的町並みだけでなく、全国の大都市で直面する密集市街地の地域防災に大いに役立つのではないだろうか。こうした意味では、伝統的景観で知られる高山三町は、二一世紀の地域防災の最先端にあるということにもなるわけである。そして、そういう視線でこの町並みや民家をあらためて見直すと、一見、防災的には何の工夫もないと思われる民家にも、なかなか深遠な工夫が施されていることに驚かされるのである。

高山三町の防災工学

高山駅から東側に広がる現在の高山市街のうち、江戸時代に町並みとして成立していたのは市街を南北に貫く宮川の東側、旧高山町の部分である。川から東に向かって登り坂になっているが、伝建地区があるのはその手前の平らな部分で、道路が三本ほぼ平行に走る明快な市街地構成になっている。坂を登りはじめると道路が急に曲がりくねってくるのは、飛騨が天領になる前、江戸初期の金森氏支配の城下町時代に町人地が川沿いに発達し、武家地がその上の傾斜地に展開した名残りである。一六九二年に天領となってからは、武家が転出したうえに陣屋が宮川対岸に設置されたため、旧武家地は急速に寂《さび》れた。

旧町人地の町並みは、宮川に平行に南北に走る道路に面して切妻平入《きりづまひらいり》の民家が建ち並び、その背後に土蔵が並ぶ構成になっている。

民家の屋根は、現在はほとんどが亜鉛鉄板葺《ぶ》きとなっているが、一九五〇年代までは板葺きが普通だった。瓦を使うと冬の寒さで凍結して傷みが早いのと雪下ろしの際に人が屋根に乗ると割ってしまうおそれが大きかったためだが、火事になって消火に失敗すると、火の粉が屋根に飛散してどんどん延焼し、土蔵だけが残ったところに、町家をまた以前のスタイルで再建するということが繰り返されていた。そこで、財産や先祖伝来の生活用具などは土蔵に収納し、必要な時だけ出していたわけであるが、この生活習慣は現代にも続いていて、生活空間には、ふだんの生活で使う用具だけ置いた驚くほどすっきりした雰囲気になっている町家が多い。歴史的町並みは、全国に他にも少なくないが、高山の町家の大きな特徴である。

土蔵自体にも、いろいろな工夫がされている。

土蔵は、周りで火事になっても、分厚い土と漆喰《しっくい》の壁で内部に火や熱が入らないようにする防火工法である。壁厚が二〇〜三〇センチもあれば、控えめにみても六時間は熱が中に伝わらないが、それだけ我慢していれば、火事は土蔵を通り過ぎていってしまう……という具合に伝熱学的に土蔵の防火的効果を説明するのは容易だが、本当に壁厚だけで火事に耐えるのだろうか。

土蔵といえど、人が出入りする扉や換気を取るための窓は必ず必要である。近くで火事になった時、窓や扉は、ただ閉めただけでは延焼経路になってしまうおそれが大きいし、土や漆喰は雨風に弱いから、屋根は、別途、葺《ふ》かなければならない。屋根を防火的にするには瓦で葺くことが多いが、高山のような寒冷地ではそれが難しかったうえに、仮に瓦で葺いても瓦の間に隙間ができるため、火の粉の侵入に対しては万全とはいえない。これらが、土蔵の防火上の弱点になるのである。

このうち、屋根からの延焼を防ぐために、高山の古い土蔵では、まず、土・漆喰で土蔵の壁から屋根まで窓・扉を除いてすっかり覆ったうえに、木造の屋根をポンと置く「置き屋根」を使っている。こうすると、土蔵本体の屋根面には隙間がなくなってしまうため、屋根側からの類焼経路はなくなって、大火の時は、屋根だけが燃え落ちるのである。置き屋根は、密実で寒さに強く強度もある瓦が入手できるようになるまでは、土蔵でも板葺きだった。

余談だが、「置き屋根」は、延焼防止だけでなく、日常的に土蔵内部の温度を一定に維持するうえでも効果が大きい。屋根は日中は日射熱に曝《さら》されるから、住宅などでは夏の屋根裏が大変な高温になることもあるが、「置き屋根」だと日射熱を受けて温度が上がった屋根と土蔵本体が切り離されていて、間に隙間があるため、屋根の熱は土蔵本体にはほとんど伝わらない。戸建て住宅などでも、夏の照り返しは厳しいので、屋根裏に換気口を設けて、熱い空気を逃がしているが、それをもっと効率的にしているわけである。しかも分厚い外壁は断熱効果も高いので、「置き屋根」の土蔵の内部は、窓や扉を閉め切ってしまえば、二四時間、大体、一日の平均気温程度に保たれることになる。温度が安定していることは物の保存には重要な条件で、そういえば、現存する江戸時代の代表的な学校建築として有名な岡山県の

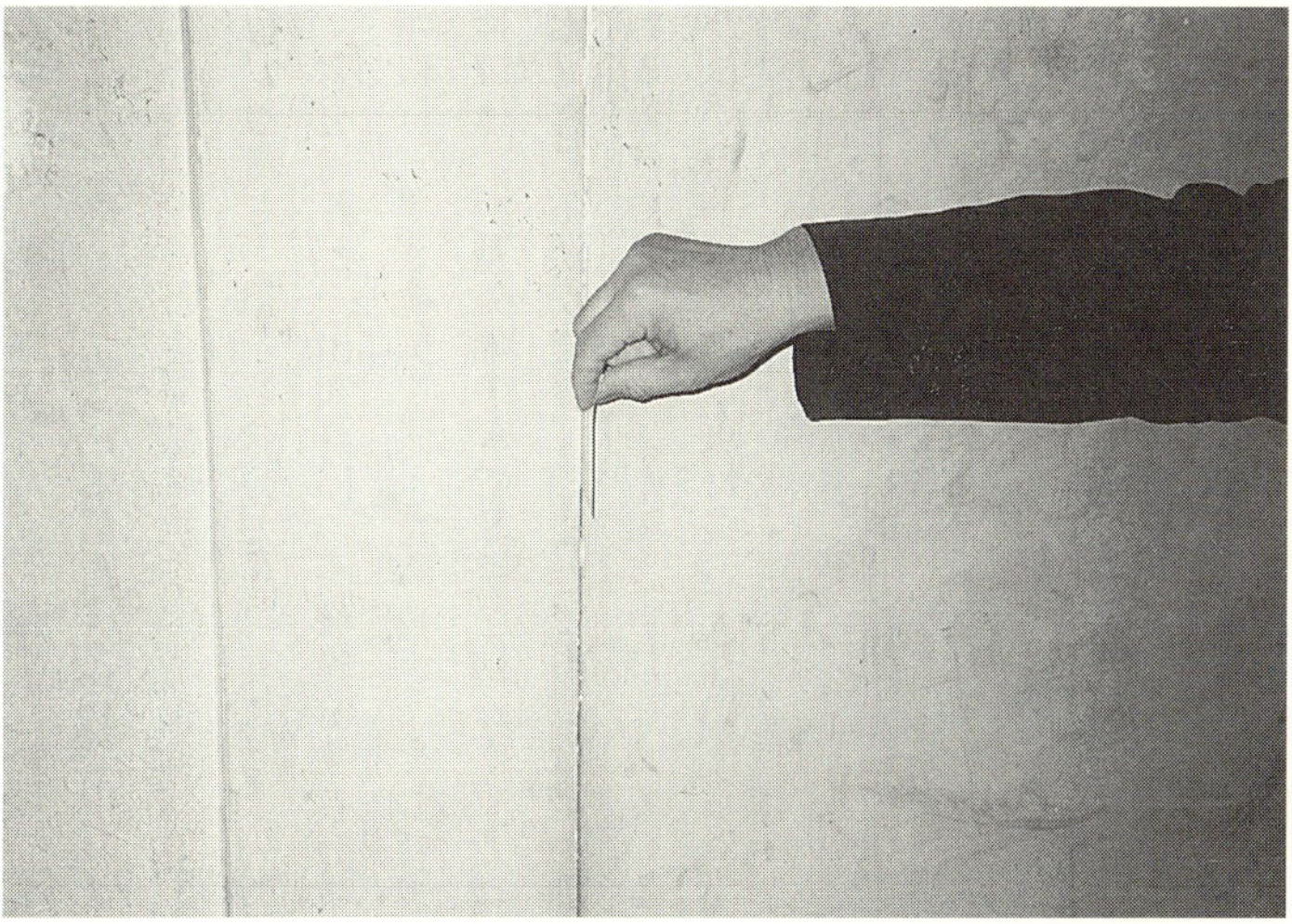

写真① 高山市三町伝建地区に建つ明治初期建設の土蔵。扉と壁の間の隙間に名刺を差し込もうとしているが、入らない。

旧閑谷《しずたに》校は、人里離れた広大な敷地に建っているが、その書庫は、備前焼の瓦を葺いた置き屋根の土蔵である。このように大火など縁がなさそうな場所でも置き屋根式土蔵が使われているのは、防火よりはむしろ、保存機能の向上を目的にしてのことかもしれない。ちなみに、温度を一定に保つことは、醸造などにも便利である。土蔵が、倉庫だけでなく、造り酒屋、醤油屋でも重用されているのはこのためである。

さて、窓、扉などの開口部の方はどのようにして火事から守るのか。

写真①は何だかわかりにくくて恐縮だが、高山三町の土蔵の扉を閉めて、扉と壁の境の隙間に名刺を差し込もうとしているが、なかなか入ってくれなくて苦労している場面。土蔵は、窓も扉も、土を漆喰で固めて造る。これも類焼防止のためだが、扉は、面積が大きい分、重さも相当なものになるから、開け閉めしながら何十年も使っていればガタが来ても不思議はないが、百何十年か前に建ったこの土蔵の扉は、いまだに、これだけの気密性を維持しているのである。土蔵の出入り口と扉は、土蔵を造る棟梁の腕の見せ所で、土蔵全体の工事は、弟子にやらせても、出入り口周りだけは、棟梁が自分で設計し、弟子も含めて誰にも見せないで工事したといわれている。

窓を見ると、出入り口の漆喰扉をミニチュアにしたような分厚い扉が外側に設けられたうえ、その内側には、まず金網を張った窓枠が、そして壁内側にも漆喰で固めた引き戸が取り付けられたりしている。原則は、一番外側の扉で類焼を防ぐが、万一、この扉を閉めるのに失敗したり、金具の脱落や消防の放水で窓に隙間ができてしまっても、金網と内側の扉で火の粉の侵入を防ぐフェイルセーフが試みられているわけである。内扉が引き戸になっているのは、内部空間を有効利用するためもあろうが、外側に向かっては一切金具が現れないように作られているのを見ると、防犯や火災による金具の脱落防止も視野に入っているらしい。

このように、土蔵の卓越した防火性能は、開口部のディテールに至る設計と施工の精妙な工夫の積み重ねによって達成されているのだが、土蔵は、建ててしまえば後は放っておいても良いメンテナンスフリーの建築ではない。

土壁は雨に弱く、いったん、壁が傷みはじめると、どんどん崩れていくこともある。雨ざらしになりそうな部分は、あらかじめ外壁のさらに外側に下見板を張って雨の直撃を避けなければならない。

高山三町の土蔵の大半は道路には直接面さずに、民家の裏手に並んでいる。このような土蔵の外壁は結果的に民家や隣り合う土蔵に隠れてしまって、雨風に曝されるおそれは小さいが、それでも、万一、壁が傷んだら直ちに補修して被害の進行をくい止められるように、土蔵周りには板やトタンの塀で囲った幅一メートル程度の管理スペースが設けられている。壁が傷んだのを見つけたら、この隙間で補修工事を行う段取りであるが、この隙間は、火事の時の避難路や消防活動の進入路としても機能したといわれている。高山の市街地では、土蔵が町家の裏側に並んでいるから、もし町家の道路側で出火して住まい手が玄関から避難できない場合は、土蔵のこの隙間を通って避難したわけである。

さらに、酒造などに使われている土蔵を見ると、扉はふだんは開放されていることが多いが、扉の斜め前くらいの三和土《たたき》には、板で覆った部分があったりする。写真②は、その板を開けた状態であるが、中には粘土が詰まっているのである。このような用途の土蔵は扉の細部が欠けたり、扉に何かがぶつかって歪《ゆが》みができることもあるかもしれないが、この粘土は、火事などで扉を閉めた時、もし召《め》し合《あ》わせが期待したほど気密にならなければ、隙間に詰めて火の粉の侵入を防ごうというものである。こうして、土蔵の工夫は、設計・施工だけでなく、その機能を維持するメンテナンスや、何らかの原因で設計・施工の工夫がうまく生きなかった場合のフェイルセーフまで含んでいるという点に、防災技術としての凄さがあると思うのである。

高山の伝建的民家の多くは明治期に建てられたのに、土蔵には一八世紀中期以前に遡ると推定されるものが少なくないが、これほど古い土蔵が生きながらえてきた背景には、これだけの知恵と工夫が凝らされているわけである。

写真②　造り酒屋の土蔵前。敷いてある板を開けると粘土の山。これは一体何でしょう。

写真③　高山市宮川沿いにある秋葉神社。お祭りをしているところである。

コミュニケーションと災害経験の伝承システム

高山市内を歩くと、三町伝建地区に限らず、道端や町屋の小屋根の上などに、小さな祠《ほこら》のようなものが鎮座しているのが目に入る。地元の習俗ともなっている秋葉様、すなわち秋葉神社である。ほとんどは御輿《みこし》くらいの大きさしかない祠の周囲数軒から一〇軒くらいで祀《まつ》られていて、写真③は、たまたま、宮川端の秋葉神社に近隣寄り集まってお祭りをしている最中を写したもの。

秋葉神社は、中部地方では広く火伏《ひぶ》せのシンボルとなっていて、高山では天保の大火の後に広まったといわれている。こう書くと、何だ迷信じゃないか、お前はそれでも理工学部で教鞭を執っているのかといわれそうだが、私は、秋葉様も、高山に欠かせない立派な防災装置だと考えているのである。

高山は、春秋に壮麗な屋台が繰り出す祭で全国に名が知られているが、屋台は、道路に面する一ブロックか半ブロックくらいを単位に屋台組を組織しているから、秋葉神社の方は、そのさらに数分の一の数の世帯で成り立っていることになる。

一九九六年に伝建地区で起きた火事の時は、屋台組がそのまま自衛消防団となって活躍したが、祭のリーダーが消防活動でも先頭に立つなど、祭で鍛えられた組織行動が非常時にも威力を発揮することを実証した。しかし、日頃の生活の相談事や助け合い、災害予防などは、もっと小さな単位の方が、個人や住戸の事情をふまえたきめ細かい活動ができそうである。だからといって防災や近隣協力などを旗印にした目的指向の集まりにすると、次第に鬱陶《うっとう》しくなってきたりして形骸化するかもしれないが、秋葉神社は、どうやら誰でも幼時から馴染《なじ》んできた習俗を手がかりとして、結果的に近隣の助け合いや相談、懇親の場として機能しているらしいのである。逆に、防災訓練や町全体の安全の計画などということになると、ある程度大きな集団でなければ機能しない。それを担っているのが、屋台組＝消防団だが、このように、大きい集団から二、三戸の小集団まで、いろいろな規模と性格の地域活動が、織物の経糸《たていと》と緯糸《よこいと》のように折り重なっているところが、この町の地域社会としての強靱さと柔軟性の根元ではないだろうか。

余談だが、秋葉神社の脇には大抵、スタンプとスタンプ台などが置いてあって、観光客が秋葉様ラリーを楽しんだりしている。秋葉神社を目安に歩いていけば、高山市街で古い面影を残しているところや眺めの良い場所などは、自動的にほとんど網羅できてしまうが、それもあながち偶然とはいえないと思うのである。

さて、それなら屋台組・消防団はどのような活動ぶりなのか。

二〇世紀も押し詰まった一九九九年一月二六日の文化財保護デー。三町伝建地区とその周りで合同防災訓練をするから見てくれとご招待にあずかって撮ったのが写真④である。真冬の火曜日ということで観光客はまばらな中、ブロックごとに揃《そろ》いの法被《はっぴ》に身を固め、宮川沿いの伝建地区の最上流側に設けられた防火水槽から町家の側溝に放水したのを随所で堰《せ》き止めて、ポンプで汲み上げてホースによる消火訓練を実施している。

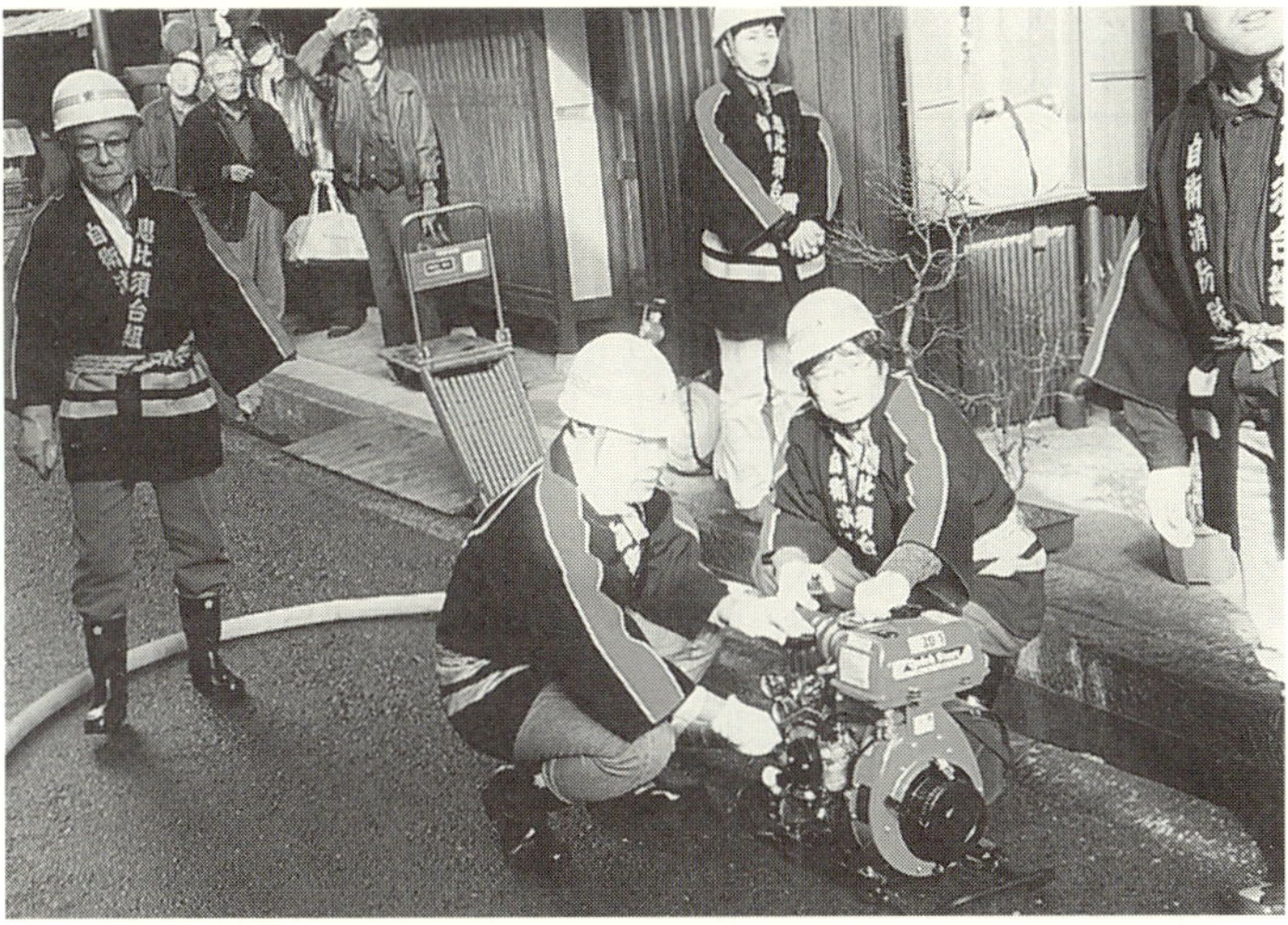

写真④　高山市三町伝建地区の防災訓練。揃いの法被で、側溝を利用した自衛消火システムの訓練中である。

石で囲まれた側溝には、ふだんから宮川の上流で取水された水が流されていて、町並みの景観と雰囲気を形作る重要なポイントとなっている。この側溝を堰き止めているのは棒をケーブルで平行につないで簀《す》の子《こ》状にした器具である（中央やや左）。フレキシブルだからふだんは畳《たた》んで保管できるし、流水が多い時は水圧にまかせて下流側に撓《たわ》ませて棒の隙間から水を逃がし、水量が少ない時は撓みを抑えて水が逃げないようにして水を有効利用できるように工夫されている。塵吸い込み防止フィルター（竹製）付き汲み上げポンプとともに、三町防災会の発明だそうである。

普通の消火栓による消防活動は、通水するとホースが暴れて一人で扱うのは骨が折れるし、放水量が多くて訓練もままならないと、最近、巷《ちまた》の自衛消防隊では評判が低下しているが、ここでは、奥さんお嬢さん方までもが動員され、ヘルメットもかぶってホースによる消火訓練を受けている。その後は、大きな鉄のトレーを路上に持ち出し、灯油を満たして火を着けての消火器の訓練と続くのだが、実際に防災設備を動かしての訓練は、訓練としての本来の役目だけでなく、ふだんは手を触れる機会の少ない防災設備・器具が故障していないかどうか確認するメンテナンスの機会にもなるというセオリーどおりの運営がされているわけである。

側溝の堰き止め器具並びに汲み上げポンプは、平素は、ホースなどとともにブロック内各所の高山祭屋台の蔵の前庭に保管されている。屋台組は、こうして防災設備の管理運用にも役立ち、さらに訓練後の反省会も、親睦と団結に大いに役立っているようである。まあ、考えてみれば、屋台組は、パレードの日本古典版とでもいうべきもので、競い合う相手があって初めて元気が出る、いわば体育会系の活動である。消防団の性格も、大体同じようなものだから、屋台組と消防団は、もともと相性が良い集団なのだろう。三町伝建地区で、防災活動の意識調査を行ったところ、防災活動の中心になっているのは消防団だが、防災活動に力を入れるのは屋台組があるから、というのが大勢の回答である。屋台組という魂が、消防団という仏像に宿って初めて、地域活動として機能しているわけである。

近隣や地域との関係を考えないとわからない防災の工夫は、一戸一戸の民家にも顔をのぞかせる。たとえば、写真⑤にご覧にいれるのは、高山有数の旧家、平田家の玄関の内側である。

扉の上に並んでいる竹・和紙製のバケツは、本書でご紹介するからには、もう隠すまでもなく火事の時、水を入れてバケツリレーに使った防災用品である。平田家は江戸時代、鬢付《びんつ》け油の生産販売から始まって各種事業を興《おこ》した旧家で、明治八年大火の後、建設された現在の平田本家は、同時期に建てられた重文の日下部邸などと並んで、高山を代表する民家の一つに数えられている。バケツの胴に描かれたマークは平田家の屋号、打保屋の商標である。

このバケツが玄関扉の上に並んでいるのは、第一に、いざ近所で火事という時に持ち出しやすいからであろう。高山では、もともとほとんどの民家の土間に井戸が設けられていたし、道路の両側の側溝には水が流されていて、消火用水として利用できた。もっと小さな店舗になると、店内に商品があふれる

写真⑤　平田家の玄関土間にある消火用バケツ。町家の雰囲気にぴったりはまっている。

ためか、店の外側の軒下にバケツが並ぶようになる。

　平田家の玄関の土間には、バケツだけでなく、もっと現代的な消火器も置いてあって、玄関・土間が防災活動のベースになっていることがわかる。それは、単に近隣で火事になった時、消火活動の支援に飛び出す動線上にあるだけでなく、邸内の誰でも毎日、必ず何度かは通過するので、防災用品の存在を間違いなく認識できること、また、邸内で出火した時に近隣から救援に入ってくる動線上にあるから、救援者が容易にこれらの防災用品を活用できるなどの効果を計算したうえでのことであろう。そして、日常的に、こうした防災用具を目にしながら生活する、ということは、結果的に、災害に対する関心を維持するのにも役立っているだろう。

　平田家の玄関土間の棚には、戦時中、空襲対策として配給されたという消火弾なるものまで並んでいる。伝統的な町家で古いものが残るのは、意識的に保存されたというよりも、半世紀くらいは大した長さの時間とは感じない独特の時間感覚のせいだ、というのが、当の平田家当主・省三氏の説なのだが、そういえば、平田さんばかりでなく、町の住民の人には、江戸時代から同じ民家に住み続けた家系も多い。高山市三町防災会長として地域防災活動をリードしてきた川尻又秀氏は、江戸時代から続く造り酒屋の当主だが、「うちは天保年間の大火で半焼した時に仮普請で建て増ししたままなもんだから、つくりが貧弱で」などと、一九世紀前半の事件を、せいぜい一〇年前くらいな調子でかなり具体的に話題にしている。明治八年の大火の後建てられた重要文化財・日下部邸などは、川尻さんによると、「あっ、日下部さんのところは新しくて立派ですね」となる。旧暦で端午《たんご》の節句を祝う高山では五月から六月にかけて鯉のぼりが立ち挙げられるが、その日下部邸の名物である大吹き抜けの土間には、この季節、日下部邸竣工の明治一一年に同時につくられた巨大な和紙の鯉のぼりが泳ぐことになるのである。

こういう、どう考えても、ひいお爺さんかさらにそのお爺さんくらいの時代の話を自分の人生で起きた出来事のように話したりできるのは、家だけでなく、昔あった大火だのの出来事も、親やお爺さん、おばあさんから言い聞かされてきているからだろう。こうして、昔、火事になると、軒下に吊《つる》した桶で水を汲んでバケツリレーをやって……等、たぶん、お爺さんかひいお爺さんが一〇〇年以上前にやっていたらしいことを、あたかも自分がやっていたみたいに微にいり細をうがって説明していただけるわけである。

ひるがえって、一九五一年東京生まれの東京育ちである私の子供時代を思い返してみると、明治二五年神田生まれの祖母からは明治の東京大洪水から吉原の大火、関東大震災などの話を繰り返し耳にし、父母からは戦争や空襲の体験談を聞いていたわけだが、それを、高山の人たちのように、自分の人生の一部であるかのように感じることなどとてもできない。まして、生家から離れ住んでいる現在、我が子に震災や空襲を語り部みたいに語り継いだりすることなどとてもできるわけはなさそうである。

この違いはどこから来るのかと考えてみると、結局、そういう出来事が起こった町が、その時代の雰囲気を留めた状態で残っているか、そうでないかの違いということではないだろうか。同じお爺さんから昔話を聞くのでも、そのお爺さんが若かった頃、ガールフレンドに振られて涙したかもしれない柱にもたれて聞くのと、エアコンの利いたリビングで、今と昔の違いをどうやってわかってもらおうかととまどっているお爺さんから話を聞くのとでは、話し手も聞き手も、リアリティが全然違うであろう。そう考えてみると、高山の場合は、防災工学的には脆弱な町家が集団で残っているという事実が、町に災害の記憶を留めさせ、防災意識の涵養《かんよう》の源泉になっているという逆説的な事情が浮き彫りにされてくる。天保の火事で焼けたという前記の川尻酒造も、その時燃え残ったもっと古い部分ととりあえず入手できた不揃いの材木で建て増しした部分の違いが明瞭にわかる形で残り、昔バケツリレーに使ったという桶は、今でも、軒下にそのまま架かっているのである。

社会の歴史を彩る重要な要素である災害事例を歴史的事実として記録伝承するには、事実関係の明確化などが不可欠であるが、災害情報を、さらにこれからの生活や社会に活用する活きた情報として伝承するにはそれだけでは不十分で、その災害事例から意味を読みとっていく手がかりとなるような仕掛けが必要である。高山の場合は、町並みがこうした仕掛けとして生きているわけだが、そのようなものが失われた都市でどのような仕掛けを構築していくかということも、現代の地域防災が取り組んでいくべき研究課題といえよう。

伝統と現代の相克

さて、全国の町並み保存運動をリードしてきた高山の歴史的町並みにも現代化の波は容赦なく押し寄せている。

高山の歴史的町並みは、全国的にも知られた観光地だが、街路のバリアフリー化が積極的に進められていることもあって、観光地としての評価は高い。観光は、地場産業の育成や、それによる雇用創成を通しての働き盛りの地元定着など、地域社会の存続と振興に大きく寄与している反面で、大量の観光客が押し寄せれば、適当な施策を講じない限り、高齢者や子供に適した生活環境を維持するのが難しくなる。高齢者のみの世帯は少なくなく、生活空間として歴史的町並みを次世代に継承することは、これからの高山のみならず、全国の歴史的町並みにとって大きな課題だろう。防災面でも、飲食店や酒造場などで、火気や生産設備だけの近代化を図れば、相対的に出火危険を増大させ、もともと火事に強いとはいえないこの町の町家では大きな火災を引き起こすおそれも大きくなる。

一九九六年、この町の酒造場で起こった火災は、酒造場を取り囲む酒蔵でほぼ燃え止まって、近隣民家には著しい被害を及ぼさなかったが、土蔵には復旧できないほどの被害を受けたものもある。

土蔵の扉の気密性保持の精巧さは前に紹介したとおりだが、酒造に使われていた土蔵では、フォークリフトの出入りを容易にするためにかまちが取り除いてあったうえ、開いた扉の前に増築していたため、土蔵扉が閉鎖できないようになっていた。そこに火が入って、結局、土蔵が三棟、全焼してしまっている。

土蔵があれば、何となく延焼を防止できると思ってしまいがちだが、土蔵が火事に強い背景には、もともと前にご紹介したような様々な工夫が存在していた。こうした工夫を今も守っている民家もあるが、毎日の使い勝手と調和させていくのはそう簡単ではない。伝統と現代をどのようにつなげていくか、町並み保存が挑戦しなければならない課題も複雑である。本節の冒頭に紹介した最近の高山三町の防災活動の試みは、その取り組みの一例ということができる。

焼け跡に生える木は火事に弱い

阪神淡路大震災では、地震の後、大火が起こって被害の様相を複雑にした。日本では、木造建築の歴史が長いうえに、歴史的に大火を繰り返し経験してきたので、このような市街地大火は、日本だけのものと思ってしまいがちだが、市街地大火は、アメリカの特に西海岸でも、今日的な問題である。

たとえば、一九九一年一〇月二〇日、カリフォルニア州オークランド東部のユーカリや松が茂る丘の頂上付近で起こった火災は、出火発見後三〇分たたない間に丘陵斜面に閑散と広がる住宅地を一キロ近く燃え広がり、半日以上燃え盛ったあげく、被災面積約七・二平方キロ、焼失住戸二七八一戸、推定直接損害額約二〇億ドル、死亡・行方不明二八人と、一九〇六年サンフランシスコ地震火災、一八七一年シカゴ大火という、日本でも広く知られている大火に次ぐアメリカ史上第三位の損害規模の火災となっている。オークランドといってもピンとこないかもしれないが、太平洋に面した半島都市であるサンフランシスコから湾を挟んだ大陸側に、海岸付近の平地から背後の丘陵にかけて広がる産業都市である。この火災で観測された出火直後の三〇分で一キロの延焼、すなわち時速二キロの延焼速度は、日本近代で最も速い延焼を記録した函館大火（一九三四年）よりもさらに速い驚異的な速さである。住宅地でこれほど延焼が速いと、消火活動の手の打ちようがないばかりでなく、避難誘導も難しい。火災の初期に延焼した地域には約一五〇〇人が住む団地もあって全焼してしまったが、極めて整然と避難して、一人の死傷者も出さなかったのは、現地でも奇跡といわれていた。

このような火災が起こった最大の背景として、毎年一〇～一一月にかけて、北米大陸内陸北部から太平洋めざして、普通ならロサンゼルス地方に流れる熱くて乾いた季節風・サンタナ風が、突然サンフランシスコ地方に吹いてきたことがあげられている。そして、この年は、雨が少なくて乾燥し、ユーカリや松の枯れ葉、樹皮などが丘陵に散乱していたことも火災の拡大を速くした重要な原因といわれている。宅地内ですら、このような枯れ葉、枯れ枝などが散乱する状態だったのに加えて、丘陵の複雑な地形と高低差で、消防用水の水圧が低く、消防活動も難しかったこと、林野に散在する住宅の多くが、木板や木皮を屋根に使っていたことが家屋の類焼を多くしたことなどが、問題点として取り上げられていた。山火事は市街地の火災より桁外《けたはず》れに速く延焼するものだが、この火災は、林野に住宅が散在する土地利用の姿からいっても、延焼の仕方は山火事、被害は都市大火という最悪の組み合わせになっているわけである。

ユーカリや松は油脂を多く含むため、もともと燃えやすく、火事に弱い代表的な樹木とされている。もっと南のロサンゼルス近郊では、秋になると毎年のように山火事が起きているが、それも、サンタナ風と、この地方の丘陵部に生い茂るユーカリ、松のせいだといわれている。しかし、考えてみると、松はともかく、オーストラリア原産のユーカリがなぜ、カリフォルニアにこんなに生い茂っているのか。植樹したからにほかならないのではあるが、他の樹木を植樹していたって良さそうだし、こんなに火事の原因になるのなら、他の樹木に植え替えても良いではないか。

オークランドのすぐ北側には、カリフォルニア大学バークレー校で知られる学園都市バークレー市が隣接している。カリフォルニア大学バークレー校も、この火事でキャンパスの一部を被災したが、ここで火事を研究する燃焼学の名物教授パグニ先生によると、サンフランシスコ地方でユーカリを植林したのは、一九世紀中頃、ゴールドラッシュで人間が押し寄せて建築用材や燃料を得るために山林を伐採し、山が丸裸になってしまったところに、乾燥や荒れ地に強いという触れ込みで植えはじめたのが当地のユーカリ林の発端である。その後、山火事で何度も焼けることになるが、ユーカリは火事で燃えやすいと同時に、山火事後の焼けて荒れた土地でも確実に芽を吹く数少ない植物であるため、山火事で裸になった山は、放っておくと再び、ユーカリ林になってしまうということが続いて今日に至ったとのこと。そういえば、この大学のキャンパスにも、見事なユーカリが枝を広げて甘い香りを放っている。

考えてみると、ユーカリに限らず、松など、山火事の後に生えてきて大きな顔をしている植物は、おしなべて良く燃えそうな樹種ばかりである。山火事が起きやすいのは、かなり極端な乾期のある地域なので、樹脂が多くて燃えやすい樹種が栄えるのは、植物生理学的にも理に適っているのであろうが、ユーカリの本家オーストラリアでも、ユーカリ林が時々、火事になって焼け野原になっても、また、ユーカリが芽を出して復活するため、いつまでたっても山火事がなくならないといわれている。

しかし、オークランド大火の跡を見ると、燃えたのは、ユーカリの枯れ落ちた樹皮や落ち葉、下草や枯れた小灌木ばかりで、二〇メートルもの高さに聳《そび》えるユーカリの大木の多くは、幹の上の方にしか、枝や葉がないせいもあって、幹の表面が変色した程度で平然としている。森林火災といえば、森を埋め尽す樹木が丸ごと燃え上がってしまうと思いがちだが、燃えるのは、主として枯れ葉や下草、枯れ落ちた樹皮などであって、水分も多く、厚い樹皮に守られている幹はそう簡単に燃えるものではない。キャンプファイアーなどの時、積み上げた薪《まき》にはそう簡単に着火しないので、枯れ葉や枯れ枝を束ねて、薪の下に置き、それに火を着けるが、森林火災は、こういう枯れ葉や枯れ枝がすぐに燃えるのと同じ仕組みで、燃え広がっているのである。だから、オークランド大火では、住宅の近くで、住宅が炎上して大きな炎をあげた場所を除くと、高く育った樹木の上方まで燃え広がった跡がない。ユーカリが火事を起こしやすいことは事実だが、ユーカリ自体が山火事で大きな被害を受けているかというと、必ずしもそうではないわけである。ユーカリと共生している植物には、種子が厚い殻に覆われていて、山火事で表面が焦げて初めて発芽するなどというものすらあるが、こうなると、山火事が焼き畑のようになっていることになる。しかし、これらの事実は、実は、ユーカリが火事に弱いと考えるのは、火事を災害と考える人間の勝手な思い込みで、ユーカリは、ライバルの植物を、火事によって追い払うばかりか、灰にして肥料として利用するという相当、高度な戦略を立てているとみた方が合理的そうである。

カリフォルニアでは、季節風による森林大火が頻発するといっても、住宅で静かに生活していた多くの人が、わけがわからない間に炎に包まれて犠牲になるという事態は、いささかショックで、オークランド大火の直後、現地では、地域防災政策をめぐって、いろいろな意見が交わされた。その中に、この火災は、それまでの火災の教訓を二重の意味で学んでいなかった結果として起こったというものがあった。第一に、バークレーでは、一九二三年にも、サンタナ風による大火が起こって五八四棟が焼失した。この時は、住宅の屋根が、日本の檜皮葺《ひわだ》きなどのように、木の皮や木板で葺かれていたことが延焼を助けたので、火災の直後、バークレー市では屋根に瓦などを使うよう、規制を始めたが、半年で規制を解除して、また木で葺いた屋根に戻ってしまったこと。第二に、オークランド大火は、実は、一九六一年、ロサンゼルス郊外のベルエアで起こって五三七棟を焼失した大火と瓜二つで、オークランド大火で問題点として指摘されたようなことは、その三〇年前に起こったこの火災で、当時、山林の郊外住宅化が進んでいたアメリカ西海岸に特徴的な重要な問題としてすでに指摘されていた。そして、それを解決するための具体的な処方箋も提示されていたのに、オークランドでもバークレーでも、それが活かされていなかったというものである。

パグニ先生の学生で、火災後のほんの数日の間に被災地全域をバイクで駆け回り、当時はまだそんなに普及していなかったGPSを駆使して被災住戸の特定とその被災度分類をするという離れ業をしていたJ君が、どうしてこういう教訓が活かされないのか解明したいが、専門が機械工学で建築のことはよくわからないから指導してくれというので、そういう無鉄砲な学生が好きな私も相談にのって、なぜ教訓が活かされなかったか調査した結果は次のようなことらしい。

一九二三年大火の後、いったん導入されていた屋根規制が撤回されておらず、隣のオークランド市にも拡大されていれば、今回の大火はなかったのかもしれないが、バークレー市議会の記録によると、その規制が廃止されたのは、当地の戸建て住宅で一般的だった米国東海岸北部風のスタイルに瓦が似合わなかったのに加えて、この大火に先立つ一九〇六年のサンフランシスコ地震の際、瓦屋根の民家に地震の被害が多かったためらしい。サンフランシスコ地震の際、瓦屋根の民家が地震で被害を受けたのは、瓦の方が板葺きなどよりも重いため、もともと板やスレートのような軽い材料で葺くことを想定した軽い家屋とバランスが崩れて、いわば頭でっかちになっていたからである。瓦葺きを普及させるには、ただ屋根を葺き替えれば良かったわけではなく、耐震性を兼ね備えさせるために建物自体を屋根の重さに見合った剛強な構造にするのを含めて、建物全体のデザインを考え直す必要があった。

また、住宅のスタイルに瓦が似合わないといえば、いかにも安全軽視のように聞こえるが、当時、アメリカ西海岸で一般的だった瓦といえば赤っぽいスパニッシュ瓦である。「米国東海岸北部風」とは、装飾のほとんどない横羽目板のいわゆるアーリーアメリカスタイルを想像すれば大きな誤りはないが、この瓦でそのような住宅の屋根を葺くのは、衣服にたとえれば、Tシャツに袴《はかま》をはかせたようなものである。地震で瓦屋根の住宅が大きな被害を受けたうえに、瓦は大衆に支持される住宅のスタイルにも合わないとなれば、地震後、瓦屋根が廃《すた》れてしまうのは、そう不自然とはいえない。そして確かに、一九二三年当時、サンフランシスコ周辺では瓦は生産されておらず、瓦工事ができる建設業者もそうはいなかった。大火の跡を瓦葺きの建物で復興しようとした時にどんな混乱が起こったかは、想像に難くない。地震を記憶している建築家や建設業者なら、瓦葺きにせよといわれても、その意義に疑問を感じただろう。

屋根規制が短命に終わったのは、構造を含む建物全体にわたって、瓦葺きにふさわしいデザインができず、建築生産の体制も整えられなかった結果で、いささか性急な規制であったという感は免れない。もっとも、米国東海岸北部風の住宅自体は、もともと、密度の低い農村などに使われたスタイルで、気候的にも、また建物密度からいっても、大火を心配する必要の少ない地域で発生したものである。そのままでは火災に強いとはいい難いこのようなスタイルが、防火対策なしで、乾燥した気候の市街地に持ち込まれたことが、大火を引き起こす遠因になったということもできる。

こうして、一九二三年大火直後のバークレー市による屋根規制がうまくいかなかったのはやむを得ない面があったとしても、だからといって、このような大火を繰り返して良いというわけでもない。その後、ロサンゼルスやサンフランシスコなどの周辺地域に多い丘陵型の郊外住宅地では、道路が曲がりくねっていて避難も消防隊の到着も時間がかかることや消火用水の水圧の確保が困難なことも明らかになってきた。傾斜地で道路が曲がりくねるのは避け難いし、少なくとも戦後しばらくするまでは水道配管の高圧化も容易ではなかったので、大火の発生やその被害の拡大を防ぐためには、やはり、建物や植物をどうにかしなければならないと考えられた。植物については、度重なる山火事などの経験から、宅地周りの下草や枯れた灌木の管理が大火防止上、重要なことも判明していた。ちなみに、こうした大火防止の方法が具体的に研究された最初のピークは、一九四〇年代前半の第二次世界大戦期と重なるが、それは、もともと、アメリカの林野火災の予防・消防活動は人海戦術の色合いが強かったのが、真珠湾攻撃を契機とする米国の大戦参戦で消防が人手不足になって、全米で山火事が増えることが懸念され（事実、そうなった）、火災対策の効率化を図らざるを得なくなってきたのに加えて、西海岸では、日本軍が奇襲したり、日本からの移民が放火して山火事が引き起こされるのではないかと警戒してのことだったといわれている。

さて、東海岸北部風住宅の嗜好《しこう》はその後も大して変わらず、したがってそれに似合わない瓦も普及しなかったかわりに発明されたのは、屋根を葺く木板の難燃化技術や難燃プラスチックで板に似せて作った難燃屋根葺き材である。

雨の多い東海岸では、木板を難燃化しても板に注入した難燃剤が雨に洗い流されて短期間に効力を失ってしまいかねないが、雨が少ない西海岸では、その心配は少ないし、難燃木や木材に似せて作った難燃プラスチックの屋根ならば、建物構造を補強する必要もなかった。さらに、すでに建っている住宅でも、屋根葺き材を取り替えるだけで防火性能を向上させられるのだから、低利の融資や、屋根を難燃化した時の火災保険料の割引などがあれば、防火性能を高めようとする人は少なくないだろう。こうした技術なら、瓦と違って、木造屋根工事の技能をそのまま使えるし、新築の建物にしか使えない技術だと、市街地全体の防火性能を高めるのに時間がかかるが、既存の建物でも容易に防火性能を高められるのなら、即効性も期待できる。そして、このような難燃屋根の防火性能をテストする試験法も、産業界の支援で一九五〇年代に開発されているが、それは、建築材料メーカーや火災保険業界も、この方法の有効性とその市場的な可能性に大いに期待していたことを示している。

一九六一年ベルエア大火の後には、これらの技術開発や知見を踏まえて、

①消火用水配管の高圧化

②屋根葺き材の難燃化

③宅地内や公共用地の枯れた下草・灌木の伐採の徹底

などの施策や規制の導入の必要性が、全米防火協会から指摘され、カリフォルニア州のレベルでは、このうち、②と③は確かに、丘陵・山林を宅地開発する場合の規制や努力規定として法令化された。オークランド火災の被災地のほとんどの住宅は、ベルエア火災より後に建てられたものであったのに、なぜ、屋根の難燃化も下草管理も進んでいなかったのかというと、この法令の適用は州が直接、管轄する地域に限られていて、オークランドやバークレー等、市が管轄する地域では、州の規定がそのまま適用されるわけではないからである。しかし、屋根葺き材の難燃化などには、もはや一九二三年バークレー大火後の屋根規制のような無理があったとは思えず、事実、ベルエア大火でも、またオークランド大火でも、火災保険料の割引を目的に屋根を難燃化していて類焼を免れた住宅は少なくなかったのだが、バークレー市でもオークランド市でも、①の消火用水配管の高圧化は進められていたものの、州法のような規制を導入するかどうかは、市議会の議題にすら取り上げられなかった。

オークランドやバークレーでなぜ、屋根などの規制の導入が検討されなかったかは、市の記録にすら残っていないだけにはっきりしないが、バークレー市消防局のベテランによると、それは、サンタナ風は、カリフォルニア南部には多いがサンフランシスコ地域ではそんなに頻発しないのに加えて、強制力をもつ法令は、人命安全に直接関わることに限定すべきで、建物や山林の被害は保険でカバーすれば良いという議論が、市議会で優勢を占めたためだという。

州法が成立するきっかけとなったベルエア火災では死者がなかったために、全米防火協会の指摘は、世間では厳しすぎると考えられたのかもしれないが、ベルエア火災で避難が円滑に進んだ背景には、出火したのが住宅地から遠く離れていたうえに、火災の発見も早く、避難にある程度の余裕があったことや幹線道路が比較的まっすぐで、稜線に沿っていたため、自動車による避難でも混乱が少なかったこと、さらに地域の小学校・幼稚園の集団避難を優先させることを最初に地域全体にアナウンスしたため、子供が登校中の家庭でも、安心して在宅中の家族だけで避難できたことなど、幸運な偶然と消防・避難戦略の機転があったことも見逃せない。事情がもっと悪ければ、ベルエア火災でも死傷者が出て不思議ではなかったのだから、実際にこのような理由で、屋根葺き材や植生管理の規制や、改善誘導政策の導入が見送られたのだとすれば、大火そのものの発生の可能性や、その被害の程度を軽視し過ぎていたとの印象は免れない。安全維持は、規制に頼る必要がなければ、規制しない方が良いに違いないが、建て売りが多いこのような住宅地では、保険料率の優遇だけをインセンティブとする一戸一戸の住宅の防火改善では大火そのものの防止には限界があり、いったん、大火が起これば、救助活動や復興には否応なく、膨大な公共的な負担を必要とする。オークランド火災までに被災地の建物のどの程度が難燃屋根を採用していたのかは、はっきりしないが、バークレー、オークランド両市で、このような大火のおそれの大きい丘陵地帯に住宅が建ちはじめたのは一九六〇年代である。J君が地元の工務店を駆けずり回って試算したところによると、この大火の直接の被災地だけでなく、両市において、このような地域全体に建った住宅が全部、難燃屋根でなかったと仮定したうえで、仮に新築時に難燃屋根とする選択をしていたとしても、工事費は、一九九一年価格で合計五〇〇〇万ドルしか増加していなかっただろうという。本火災の直接損害推定額のわずか四〇分の一、被災地だけを対象にすると、この割合は一〇〇分の一を遙かに下回ってしまう。どう考えても、屋根規制していた方が合理的である。

以上のように見てくると、カリフォルニア州政府は防災に対して前向きなのに、オークランド市やバークレー市はいかにも後ろ向きであるように感じられるかもしれないが、そう単純に割り切って良いわけでもない。すなわち、前にあげた①消火用水利、②屋根葺き材の難燃化、③植栽の管理のうち、①は管轄する自治体の行政権限で実現できるのに対して、②や③は規制であるから、そのための条例の導入か、既存の条例の改正を必要とする。オークランド、バークレー両市で①はかなり整備されていたのに、②③が手つかずだった、ということは、市行政当局は、その権限の中でそれなりに努力したが、市議会の議決を必要とする対策は実行できなかったことを意味しており、大火対策が遅れていたのは、市行政当局の責任というよりは、市議会に原因があると見た方が妥当である。オークランド、バークレー両市とも当時すでに林野の宅地化が始まっており、市議会で交わされたと伝えられる消極的な議論からは、すでに開発が始まっている地域に新たに規制をかけることに強い抵抗があったことも読みとれよう。

一方、当時、州法が直接適用された地域には、現実には、大規模な宅地開発など、まだほとんど計画すら存在しなかった。だから、州法で②③を宅地開発の条件にしても、それほど大きな反対に遭うことはなかったわけである。オークランド、バークレー両市に比べれば、導入そのものも容易だったといえようが、見方を変えれば、このように反対者がいないうちに②③の規制を導入したのは賢明だったともいえる。

　オークランド大火直後、地元の新聞やテレビでは、このような火災を繰り返さないために、州法の規定を市の条例に導入すべきだというアピールも盛んにされていたのだが、この火災から半年後、別件でワシントンDCに出張した時、被災地がどうなったかも気になっていたので、サンフランシスコ経由の便にして、乗り継ぎの間にJ君の運転で現地に立ち寄ってみると、犠牲者が集中した丘には、新芽を吹き出しはじめたユーカリの傍らに、火災前と変わらない木造屋根のタウンハウスが建ち並びはじめている。現場監督のおじさんに声をかけると、笑って、（湾岸戦争直後の）不景気だから、条例が変わったりすると売りやすい建物が建てられなくなっちゃうし、使い慣れない難燃材料なんか使うと、後で問題が起こった時に訴えられたりして面倒臭いからね、という返事なのであった。

地域災害はなぜ悪循環を繰り返すのか
――火災都市江戸・東京と函館の近代災害史

一九六〇年代半ばまで、毎年少なくとも一回くらいは、日本のどこかで市街地大火が起こってニュースになっていた。東京オリンピックを覚えている世代の方なら、記憶の片隅に残っているのではないだろうか。江戸時代の江戸でも、大火が頻々と起こって「火事と喧嘩は江戸の華」などといわれていたが、その後も長い間、大火は日本の代表的な都市災害であり続けたのである。

こうして、近代以前も、また近代に入ってからも、大火が繰り返し発生していた事情はそう変わらないようにみえるが、明治初期を境に、それ以前とそれ以後とでは、大火の受けとめ方にかなりの違いが認められる。

たとえば、江戸の人口が一〇〇万強で安定していた一八世紀から幕末までの二世紀近くの間に、江戸では焼失面積がヘクタール単位の大火が二年に一回は起こっていた。そして、なかには目黒行人坂大火（一七七二年）や安政地震大火（一八五五年）のような江戸・東京史上屈指の大火もあったにもかかわらず、江戸の都市景観や都市構造に重大な変化が現れることはなかった。それに対して、明治五年の銀座大火は、火災そのものはそれほどの大物ではなかったのに、その復興は、一挙にイギリス人技術者の設計で不燃欧風市街地建築による復興（銀座煉瓦《れんが》地）となる。その後も、関東大震災（一九二三年）や、戦前における北海道最大の都市・函館で起こった一連の大火（なかでも一九三四年大火では二万余戸を焼失した）、福井地震大火（一九四八年）など、歴史的規模の大火が起こった時には、ほとんどの場合、都市構造を一変させるような復興事業が実行された。

この違いは、いってみれば、鎖国社会の安定が至上の価値だった江戸時代にかわって、明治以後になると、初期には欧米との不平等条約の改正を、また日露戦争以後、特に第一次世界大戦期以降は産業社会化をそれぞれの都市計画の動機として、「進歩」や「成長」という江戸時代とは違う価値が標榜されるようになったことに対応しているといっても大きな誤りはあるまい。大火で一夜にして灰燼《かいじん》に帰してしまうような都市では、進歩や成長が成就し難いのは明らかで、東京に限っても、銀座煉瓦地による明治五年大火の復興と、関東大震災復興を契機とする東京の市域の拡大・再編成と大東京の成立は、それぞれ、その時期の国家的政策課題に対応している。都市計画によって大火を撲滅しようとする思想は、江戸時代にも存在しなかったわけではないが、それが組織的に実行に移され、大火の度に復興の柱とされるようになった点で、都市災害への構えは、近代と近代以前で大きく異なっているのである。

こうして災害復興の考え方が近代とそれ以前で大きく違うのは合理的に説明がつくとして、それならば、「進歩と成長の近代」に一体なぜ、そんなに大火が頻発したのか。関東大震災は、市街地大火としても地震としても、犠牲者数は日本史上最大級、焼失面積は史上最大だし、函館大火（一九三四年）で観測された時速一キロを超える延焼速度も、日本の都市大火史上最大とされている。大火が撲滅されるべき災害と考えられながら、その一方で、大火の程度は近代以前よりもむしろ悪化しているというのでは矛盾しているではないか。

近代都市でなぜ大火が頻発したのか

近代の地震大火の典型として関東大震災を取り上げてみよう。関東大震災では、東京の市域の四三％、三三・五平方キロを焼失した。阪神淡路大震災の時、兵庫県下だけで二〇〇件を超える火災があったように、地震火災では同時多発火災が恐れられているわけだが、関東大震災の時の東京の出火点には、図①に示すように、地域的にかなりのかたよりがある。

ほとんど出火しなかった地区も含めて、当時の東京下町全体が結局、壊滅してしまったのは、地震当日、関東地方を熱帯低気圧が通過して強風が吹き荒れ、その風向もめまぐるしく変化したためであるが、その七八年前、ペリー来航の翌々年に江戸を襲った直下型地震・安政地震の時にも、江戸市中で火災が同時多発して、阪神淡路大震災の時のように市街地に虫食い状に焼失市街地が分布する大火となっている。火災による被災場所は丹念に調査され、記録されているが、安政地震と関東大震災における東京市街地の延焼市街地分布と比較すると、次のことに気づく。

①安政地震で大きな延焼が起きた神田神保町・蔵前・日比谷などの地区では、関東大震災でも出火が多発している。

図① 安政地震と関東大震災による江戸・東京下町の延焼範囲。
(関東大震災火災は中村清二の調査による)

②関東大震災で出火が多発した隅田川東岸北部・浅草寺北側などは、安政地震では大火になっていないが、この地区は、幕末にはまだ、吉原を除いてほとんどが沼池、田圃《たんぼ》であって市街化が始まっていなかった。

③安政地震で大火となった大手町は、関東大震災では大火になっていないが、不燃化・広場化が進んでいた。

④どちらの地震でも、江戸町人文化の核心であった日本橋・神田・銀座の出火は少ない。

すなわち、安政地震と関東大震災の間には、表面的には被災範囲の分布に相当な違いがあるが、出火が集中したのは、地盤が軟弱で零細な木造家屋が密集した地区であるという点で共通しており、両地震の間の出火点の分布の違いは、かなりの程度まで、それぞれの時代の市街地の開発の状況の違いで説明がついてしまうのである。

地盤が軟弱で木造家屋が密集していれば、地震で家屋が激しく揺すぶられて倒壊する。そこで火気などが使用されていれば、押し潰された家屋によって出火を引き起こし、延焼も助長することは容易に想像がつく。事実、関東大震災では、火災による焼失前の木造建物の倒壊被害の分布も、出火点分布と良い対応を示していて、出火の少なかった日本橋・神田・銀座では、地震そのものによる建物被害も比較的軽微だった。

関東大震災で出火が目立った地区のうち、結果的に下町全体の焼失につながったのは隅田川両岸北部で発生した火災である。安政地震の時には、この地区は田圃や沼で市街化されていなかったが、安政地震の火災損害が関東大震災よりずっと軽微だったのは、気象条件がそれほど厳しくなかったのに加えて、関東大震災における隅田川両岸北部のような集中的な同時多発火災による巨大な火源が生じなかったことも作用していたであろう。このように軟弱な地盤に零細な木造家屋が密集する市街地が震災の被害を大きくしたのだが、近代に入ってこのような市街地が形成されたのは、果たして偶然といえるだろうか。

隅田川両岸北部が本格的に市街化されたのは、日露戦争以後、特に第一次世界大戦中である。大戦でヨーロッパの工業地帯が荒廃したり、産業生産力が落ち込んでいたのを後目《しりめ》に、戦場となることを免れた日本が世界市場に進出して、空前の高度経済成長を遂げた時期にあたる。

東京の人口は増加したが、その増えた人口を吸収したのが、江戸時代以来の市街地周縁の未開発地で、隅田川両岸北部もその一つだった。十分な計画もなく開発された市街地は最初からスラムのようなありさまだったが、田圃や沼のような土地が、バブル的な経済成長のもとで初めて開発されたのは驚くにはあたらない。何しろ、このような土地は地盤が軟弱で地震に弱いばかりでなく、湿気が多く、川に近ければ水害の被害を受けやすい。そのようなことは古くからわかっていたはずで、定住人口が安定していた江戸時代には、そのような土地まで市街化する必要がなかったからこそ、放置されていたのである。それが開発されたのは、鉄道などの公共的な近郊交通が整備されていなかった明治・大正当時、急激に増加する都市人口を吸収できたのが、既成市街地に隣接するそのような土地をおいて他に存在しなかったからである。

こうして急ごしらえで開発された東京の既成市街地周辺が、大規模な災害に襲われたのは、関東大震災が初めてではない。一九一〇年と一一年、東京は二年続けて大規模な水害に襲われている。一九一〇年水害は台風によるもので、荒川、利根川が決壊し、被害を受けたのは東京だけではなかったが、東京市内では、荒川の下流である隅田川や神田川のような小河川が氾濫して、隅田川両岸と小石川以北の、そろそろ市街地化が始まっていた神田川周辺で、民家が水没するような浸水が起こった。また、翌年七月の集中豪雨では、東京湾の高潮により、本所、深川など、隅田川東側の新興市街地で洪水となっている。

このような新興市街地では、災害時などの相互扶助の前提となる共同体意識も育っていなかったであろうし、住民も都市生活に慣れていなかったに違いない。たとえば、地震時に火気の処理をすることは江戸では生活習慣に組み込まれていたが、新しく東京に住みはじめた住民に、そのような習慣はなかったであろう。ちなみに、図①に示した「出火」とは、消防当局に記録された出火のことであって、報告されないうちに住民等の手で鎮圧された火災は数に入っていない。江戸っ子の本拠地であった日本橋や神田で出火の記録が少ないのは、地震そのものによる建物被害が相対的に軽微で実際に出火が少なかったのに加えて、火災初期に鎮圧されて報告に至らなかった事例が多かったためでもあろう。

このように、東京の大規模な都市災害で、同じような場所が繰り返し、著しい被害を受けてきたのは、地盤などの物理的条件からみて偶然でないばかりか、市街地の成り立ち自体に、防災的な弱点があって、その両方が折り重なって、被害を大きくしてきたからである。

関東大震災の大火は地震による火災の同時多発がきっかけで起こったが、大火の引き金となるもう一つの典型的な自然現象として季節風があげられる。季節風が引き起こした代表的な火災、昭和九年函館大火では、事情はどうだったのだろうか。

函館は、北海道渡島半島から突出した砂州とその先端の函館山にかけて形成された都市である。函館山の海岸線で大きい水深が得られる地形と、日本海と太平洋の両方から直接アプローチできる立地を利用して、開国した幕末から国際港としてまず突端の函館山麓が市街化したが、函館・小樽間の鉄道開設の後、日露戦争開戦の一九〇四年に砂州西側の根元の港湾側（現在地）に函館駅が設立され、さらに日露戦争で日本が膨大な北方権益を手に入れてからは砂州全体が市街化して、戦前は道都・札幌を凌《しの》ぐ北海道最大の都市であった。しかし、このような地形は水道水源の確保には著しく不利で、急激な人口増加と市街地面積の拡大も手伝って、戦前の函館は慢性的な水不足に陥っていた。消防水利としては海水を利用することもできたが、強風時などは、大火が起こりやすいにもかかわらず、海岸に接近すること自体が危険で、消防水利を確保することができなかった。

こうして、函館では明治初期から大規模な火災が繰り返されたが、特に、一九〇七年から一九三四年までの三〇年足らずの間に焼失戸数が一〇〇を超える火災は、一〇件を数えた。その全てが、何らかの事情で水道停水中に発生したものであることは、水源の運転も不安定だったことを示しているが、このうち九件の大火は、砂州部や、函館山麓でも砂州を超えて、港に直接面していない地区から始まっている。この間、函館は、函館山麓と砂州西側の港湾周辺が産業・文化の中枢として発達し、土蔵・鉄筋コンクリート造などの防火的な建物も、おおむねこの地区に集中していた。それを外れた市街地でほとん

現在の函館。国土地理院２万 5000 分の１地形図より。
左下が函館山。右上の星形に見えるのは五稜郭。

どの大火が始まったという事情は、関東大震災の出火の分布とよく似ている。

大正後期には、当時の既成市街地から離れた五稜郭付近が、その時期に出現した中流階層に向けた郊外宅地として開発されはじめる一方で、砂州の東側は権利関係もはっきりしない状態で密集市街地化していた。こうして市街化が進む函館では、一九二七年に都市計画をとりまとめている。この都市計画では、五稜郭までを住居地域として整備し、その函館港側を工業地区にする方向を示していながら、密集市街地の将来像をはっきりさせることができないまま終わっているが、それは、当時、この地区の問題がいかに複雑だったかを代弁しているといえよう。

一九三四年三月二一日夜、平均風速毎秒二〇メートルを超える暴風の中で、函館山の東側海岸付近の民家が崩壊炎上して始まった火災は、砂州に沿って吹く暴風に乗って、六時間余りの間に砂州部の市街地のほとんど、約四・二平方キロを焼失させ、二〇〇〇人を超える犠牲者を出して、地震に直接関係しない火災としては日本近代最大の惨事となった。この火災では、鉄筋コンクリート造の建物の多くが窓などから類焼してしまったし、一九二一年に起こった大火の復興の際、延焼遮断帯として拡幅し、両側にブロック造不燃建築を並べた銀座通りも突破されてしまった。三四年大火の後、これらの建物や路線防火の計画に不備があったという指摘がされたことがあるが、むしろ、この暴風下の延焼がいかに激しかったかを物語っているといった方が当を得ていよう。砂州の密集市街地も、この火災で完全に焼失してしまった。

急激な経済成長のもとで拡大した市街地の周縁で大火が生じるというパターンは、東京・函館だけでなく、実は、第一次世界大戦前後から第二次世界大戦後の高度成長期までの日本の都市大火のほとんどに共通している。それは、欧米や近代以前の日本の大火とも違った傾向で、かえって近代日本の都市における「周縁」が特異な性格をもっていたことを浮かび上がらせている。

函館の歴史を見ると、幕末の開港以来、市街地の拡大とともに、遊郭、監獄・刑務所、屠殺場などが、拡大する市街地の先端の外側に繰り返し移転している。

このように、日本の都市では、その周縁は、歴史的に、均一な市街地の一部でもなければ、都市と田園を分かつ境界というくっきりとした位置づけを与えられるわけでもなく、都市という過密な社会と不可分でありながら、都市の日常の視線に曝されないことによって成り立つ機能やそうした視線に曝したくはないと考えられた空間に割り振られる傾向が強かった。江戸・東京でも、遊郭の代名詞であった吉原は、江戸の建設時には日本橋にあったのが、江戸城天守も全焼させた江戸時代初期の明暦の大火（一六五七年）後に、隅田川上流の現在地に移転した後、二世紀半もの間、浅草の北に広がる田圃の中の浮島のような存在だったし、監獄も市街地をわずかに外して建設されていた。このような都市の周縁は、近代の急激な産業化を通じて、市街地に呑み込まれてしまったのだが、それが結局スラムとなっていったのは、市街地化しても、その土地を、日常の視線に触れさせたくないという感情だけが残ってしまったからではないか。そして、大火のような著しい都市災害は、ほとんど例外なく、このような場所から始まっている。

このことは、大火は、近代を特徴づける価値である「進歩と成長」の重大な脅威とみなされながらも、実は、都市の「進歩と成長」の裏腹な結果として発生し、大規模化してきたことを物語っている。しかし、このような事情であれば、「進歩と成長」の歪みは、都市防災以前に、もっと日常的な衛生・都市環境・治安に対する脅威として社会問題化していたはずで、その意味で、近代都市の都市防災と都市環境整備は、施策の対象と目標を共有していた。大火の復興は、こうした矛盾を総合的に解決して、危険な場所がますます危険になる悪循環を絶つ貴重な機会でもあった。

復興で悪循環を絶つことができたか

関東大震災から七年後の一九三〇年、東京では、一応の復興が宣言される。

当時の幹線道路のほとんどが拡幅されたほか、八重洲通りや昭和通りなどの新しい幹線道路が建設され、隅田川の大半の橋が鉄橋で更新された。ほどなく市域の拡張によって東京市に編入される豊島郡、豊多摩郡等の環状道路としての明治通りも整備され、渋谷・新宿・池袋など山手線上の各駅を起点とする郊外鉄道が路線延長されるとともに山手線の環状線化が完成して、東京では、郊外から都心に通勤するという都市の機能的空間分化が本格化するが、それは、東京の都市構造の一大転換であった。しかし、この復興は、都市防災の観点からは、これまで、どこか中途半端なものとしてあまり高く評価されないことが多かった。それは、次のような理由によろう。

①関東地震後、内務大臣兼復興院総裁となった後藤新平が提案した大胆な都市計画に比べると、小規

模な改造に留まっている。
②幹線道路の整備のうち、昭和通り以外のほとんどは、震災前の一九二一年五月に内閣告示されていた東京の都市計画に盛り込まれており、新しい考え方ではない。郊外鉄道等も同様。
③復興の際、東京市域の大半を占めていた低層市街地の不燃化を実現することができなかった。そして、第二次世界大戦時の空襲によって震災よりさらに広い市域が焼失した。

後藤は、震災前の一九二〇年一二月から二年余りに及ぶ東京市長を含む多岐にわたる政治的業績の持ち主として人気が高いが、今日なお、後藤といえば、当初国家予算の二倍を超える事業として提案されて、大風呂敷といわれた震災復興案が第一に思い浮かべられるほど、彼の復興案は伝説的になっている。後藤自身は、震災のあった一九二三年末、虎ノ門事件による山本権兵衛内閣の総辞職で復興院も退いているので、結局、復興事業そのものを指導することはなかったが、この復興案のかわりに、震災前にすでに提示されていた都市計画案が骨格として踏襲されたことが、実施に移された復興計画が消極的なものという印象を強めたようである。しかし、それは、実行に移された復興事業の意義を正確に評価しているといえるだろうか。

後藤は、東京市長在任中の一九二一年、道路以外に電気・ガス・上下水道・廃棄物処理などのいわゆるインフラの整備と公会堂・都市公園などの都市公共施設の建設を網羅的に含んだ東京市政要綱を発表し、さらに膨張を続ける東京の都市政策には科学的予測と、社会基盤技術自体の開発を含む都市政策が必要であるとの見方から、東京市政調査会を発足させて、東京市政への合理主義の注入を図ろうとした。

後藤の東京市政要綱は、当時の国家予算が一五億円程度であったのに東京だけで八億円が必要という点に世間の関心が集まって、東京市改造八億円計画等と揶揄《やゆ》され、結局、そのまま実行に移されることはなかったが、全体としては、その後、高度経済成長期に入る頃までの東京の個々の都市施設整備を方向づける役割を果たした。実施された震災復興事業の市街地整備は、内閣告示に示された道路整備計画を、市政調査会による東京の将来予測で肉付けしたものとでもいうような内容になっている。一九二一年には三二〇万人だった当時の東京市一三区及びその近郊の合計人口が、一九三三年頃には五〇〇万に、また一九五〇年頃には一〇〇〇万に届くと予測して大東京化が構想され、当時の市域は、都心地区として整備するという内容は、今日から見ても、それなりに合理的な予測に基づいて、機能的な解決をめざしたものであり、最終的に実現に移された都市計画としては江戸・東京史上空前の包括的な内容であった。後藤が東京市長を退任する直前の一九二三年三月、すなわち関東大震災の半年前に市政調査会から出版された調査資料には東京の将来予測と、それに基づく都市計画の方向性のあり方が提示されているが、そこには、震災の被害を増幅した都市整備上の諸問題の解決の方向や、当時、すでに具体的な開発に着手されていた郊外鉄道の整備などもすでに盛り込まれていた。内閣告示されていた都市計画の内容が、後藤の考えと無関係であったわけではないし、素朴に考えられるほど保守的なものであったわけでもなかったのである。

後藤の震災復興案は、さらに大火で焼失した市街地の買い上げと区画整理、幹線道路の大幅な拡幅や大規模な公園整備なども含んでいた。この計画の前提ともいうべき焼失市街地買い上げが認められな

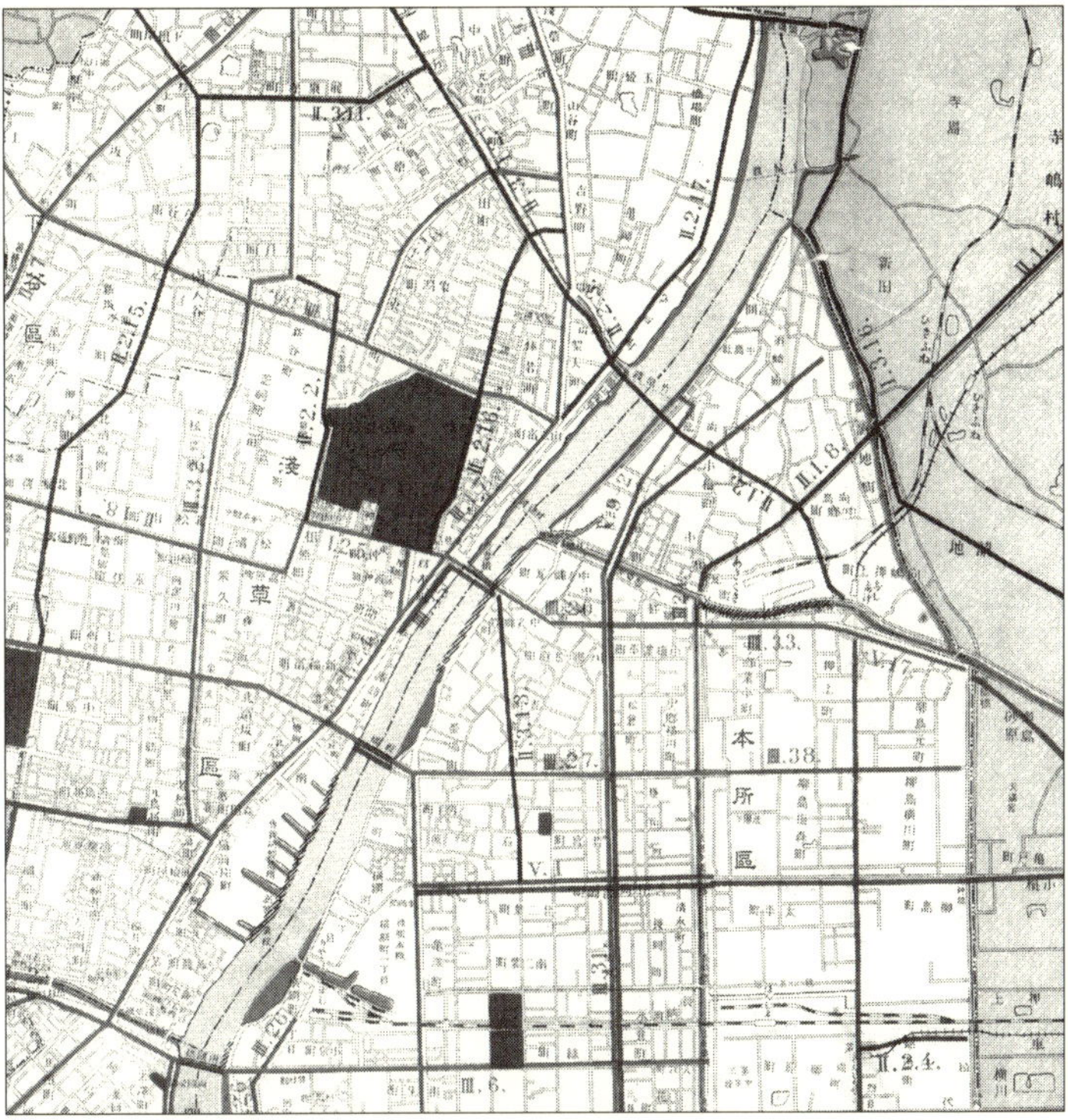

図②　1921年内閣告示都市計画（隅田川付近）

図③　復興事業完成時の隅田川付近（1930 年）

かったため、復興の具体的な提案の多くも実現しなかったことになるが、区画整理や公園整備については、復興予算の縮小の中でも、それなりの努力が払われている。

内閣告示された都市計画でも市政調査会の検討でも、既存市街地の区画整理までは具体的に構想されていなかったが、震災復興の過程で、焼失したり倒壊が著しかった密集市街地のほとんどはほぼ碁盤目状に区画整理されている。その違いは、隅田川周辺の内閣告示都市計画図（図②）と震災復興時の市街地の状況（図③）を比べればよくわかる。東京での震災の犠牲者は隅田川周辺に集中しているが、隅田公園・浜町公園をはじめ、規模の大きい公園の整備が隅田川付近を中心に当初計画より充実し、もともとの都市計画には含まれていなかった小公園が随所に設置されて、都市防災上は、一時的な避難所としての利用の展望が開かれている。震災による被災地の区画整理は、後藤の復興案の骨子の一つでもあったが、今日の高みから見ると、これらの事業内容は、市街地防火上、十分な密度に達しているとはいい難いにせよ、区画整理で延焼防止や消防・避難活動の環境が改善されたことと併せて、この復興事業は、様々な制約の中で、災害時にどう対応していかなければならないかを、かなり具体的にイメージして計画されたものであることがうかがわれる。個々の公園などの整備は、復興以後の日常的な都市整備事業としても続行できる性格のものであることを思えば、息の長いものであるべき都市の防災整備の良いスタートを切ったと評すべきであろう。

東京の震災復興で都市防災上の問題を残したとすれば、こうして良いスタートを切った防災整備が、復興宣言とほぼ時を同じくして始まった大恐慌で息切れしてしまったことと、市街地建築の防災的強化については、ほとんど成果をあげられなかったことであろう。これらが、結果的に、第二次世界大戦末期の東京大空襲などで、関東大震災を上回る犠牲者と被害を出す遠因となったことは否めない。さらに、震災で市街地の周縁に被害が集中した背景に、前に触れたように、近代都市の周縁としての特異な性格が潜んでいたのだとすると、その性格は、この復興事業によっても、さほど変化したとはいえない。むしろ、震災後、中央線沿線などの郊外に人口が流出した際に無秩序な開発が繰り返されて、防災的に脆弱な密集市街地を拡散させて、現代まで引きずる地域防災上のアキレス腱となってしまっている。

一方、函館の一九三四年大火の復興では、長い間、密集市街地として取り残されて繰り返し大火に遭い、この大火でも著しい延焼の舞台となった砂州中央部に市役所を移設し、地区周辺の道路も、拡幅だけでなく配置すら一変させる大胆な計画が実行に移されて、半世紀を超える大火の歴史に終止符を打った。

この事業は、市街地火災の温床を不燃化したという狭義の防災事業としての成果以上に、この地区に市行政の中心を移すことで「都市の周縁」という性格をはぎ取ったことに重要な意味があったのではないか。図④は、函館大火から三ヶ月足らずで公表された復興都市計画であるが、地元新聞等を通じて広く公開され、函館の将来像としての明確なイメージと復興都市計画の実施への強い意志を市民に定着させる役割を果たした。

大火の七年前に用意されていた都市計画とは全く異なるこの施策によって、すでに宅地化が始まっていた五稜郭付近と函館山麓の港湾付近の旧市街地とに分断されていた市街地が、一体化した（その結果、

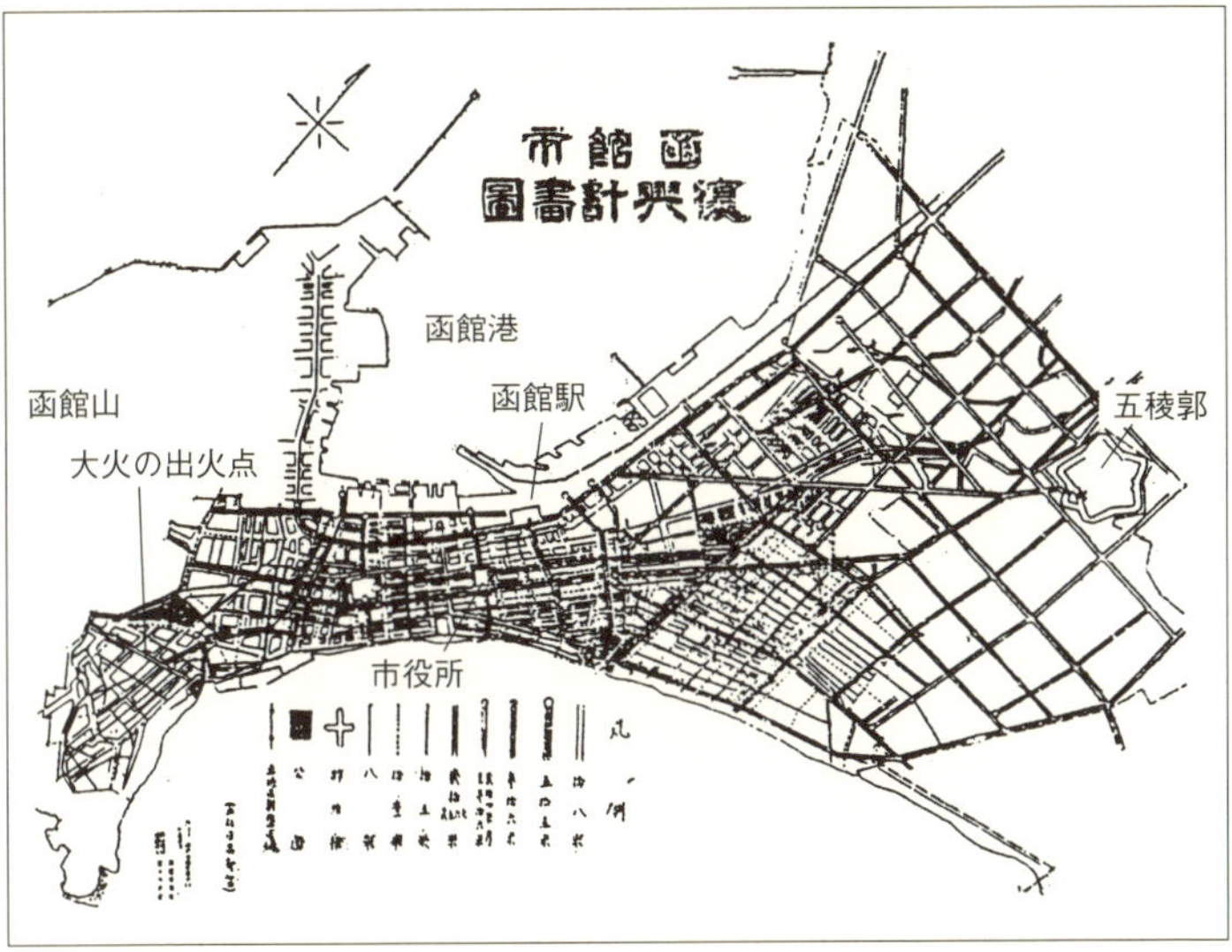

図④　1934年6月10日の函館新聞号外に紹介された函館復興都市計画。ほぼそのとおりに実施された。

旧市街地、特に函館山麓地区は相対的に都市活動の中心から外れることになるのだが）という意味でも、函館の都市構造の一大転換であった。土地の性格がこのように劇的に変化するということは、震災復興の東京には見られなかったことで、東京では、総合的には都市防災の高度化が図られながら、そのアキレス腱の位置は固定化されてしまっている。後藤が、その都市計画にかかわる大風呂敷を広げたのは、あるいは政治家としての感性で、都市の社会構造と土地の結びつきの負の側面を断つ必要を嗅ぎとったからであろうか。

二〇〇〇年秋愛知県西枇杷島町・東海豪雨の爪痕

二〇〇〇年九月一一日、一二日の両日、愛知、岐阜、三重を中心に降り続いた豪雨は、三県合わせて約七万戸を浸水させ、豪雨災害が目立って増えたといわれる一九九〇年代以降でも、特筆すべき大規模都市型大水害を引き起こした。東海道新幹線も二一時間半、運転がストップして七四本の列車に合計五万人以上の乗客が夜明かしするという新幹線開業以来の混乱となっている。

この東海豪雨では、名古屋市の一部や、名古屋とは庄内川を隔てて西隣の西枇杷島町で、堤防の決壊による広範囲な浸水を生じた。西枇杷島町は、東海豪雨では一万戸以上、すなわち戸建て住宅のほとんどが床上浸水の被害を受け、住戸の改修や家財道具の交換を余儀なくされているのだが、その市街地は、東海道線で名古屋から一駅の枇杷島駅の東側に広がっている。名鉄でも、JR名古屋駅に隣接する新名古屋駅から三つ目が西枇杷島駅である。被災地は、このように名古屋駅から電車で簡単に行ける距離にあることもあって、私は、豪雨後、一〇月末までに名古屋以西に陸路で三回出張した機会の度に、名古屋で新幹線を途中下車し、東海道線や名鉄に乗り換えて西枇杷島町に行って、浸水後の現場を自分の足で歩いてみた。水害は、私の専門とは全然違うのだが、そこでは一体、災害対応にどのような考え方がとられているかを実地に知ってみたかったし、このような都市型災害には、他の地域災害にもあてはまるかもしれない新しい問題点があるのではないかと思ったからである。

こうして、西枇杷島町の被害情報を集め、現地に足を運んで水害後の町の様子を見ると、ここにも、災害を受けやすい条件の土地に被害が集中し、豪雨後も、経済活動の中断が悪循環を引き起こして、経済と生活の復興を一層、遅らせているという点で、危ない場所がますます危なくなってしまうという構造が、現在でも、まだ克服されていないように感じられる。

まず、西枇杷島町が水害に遭ったこと自体についての素朴な疑問。

東海豪雨明けの九月一三日の新聞を読むと、氾濫したのは名古屋市内の新川などの主として中小河川で、その流域の降雨量が、想定された五年に一回程度の大雨を超えたうえ、上流の一級河川・庄内川からも水が入って堤防が決壊したこと、新幹線の方は、東京・新大阪始発のラッシュが一段落した後の午後七時に線路が冠水して不通になったのがこの事態の背景と報道されている。……と、いわれると、稀な不運が連なったように聞こえるが、それは、合理的な理由といえるのかと首を傾《かし》げてしまうのは、私が河川管理も鉄道の運行もよく知らない門外漢だからだろうか。

だって、五年に一回の大雨の想定を超えてというが、地震なら、その心配がある地域でも、「五年に一回の大地震」なんて言い方はしないだろう。大雪だって、豪雪地帯といわれる地域にして、雪害などといわれるのは「二〇年に一回」くらいが相場である。被害性の現象が起こる頻度が、雨と地震、雪では違うといわれれば、まあ、そのとおりなのだが、でも、終《つい》の棲家にするつもりの我が家なら、家族が住み続ける数十年くらいの間に起こる地震や台風には何とか耐えるか、無難にやり過ごしてもらいたいと思うのが常識ではないだろうか。五年に一回を超える大雨の時は河川から水が溢れるおそれがあると住民がわかって住むのなら、時々は床下浸水が起きるくらいのことは覚悟して家を建て、大雨の時には浸水の備えをしながら生活を送るだろう。一体、地元では、これまでの集中豪雨や氾濫、増水などの伝承が正しく伝えられてきていたのだろうか。洪水や火山の噴火などが予想される地域では、被害性の自然現象が起こった時の被災予想範囲やその程度を地図に落としたハザードマップというものが作成されてきた。電話帳の巻頭、レッドページなどに記載されていることが多いが、西枇杷島町では、ハザードマップが作成され、活用されていたのだろうか。さらに、この東海豪雨の際、仮に、中小河川では五年に一回の大雨を超えて、さらに何かあると氾濫のおそれがあったとして、すでにそういう危機的な状態になっている中小河川にどうして一級河川である庄内川から追い打ちをかけるように水が流れ込んだのか。一級河川は国の管理、中小河川は地方自治体の管理によるわけだが、このような豪雨時の相互の連絡は機能的にはたらいていて、水門管理などは合理的な判断に基づいていたのだろうか。水害は、その土地に降る雨だけでなく流域全体を視野に入れて発生の可能性を考えなければならないのなら、そのようなシステム構築こそ必要ではないのか。いや、そもそも、これらの河川の流域で、このような豪雨となった時、警戒や避難の前提となる洪水予報などが行われる体制は整っていたのだろうか。あるいは、現在、大雨時の河川水を制御して、豪雨時の水害を最小化させる技術が実用化されていないのなら、その研究開発は進められているのだろうか。……と、この報道内容のとおりなら、非専門家としての疑問が次々にわいてくるのである。

ところで、東海豪雨の報道を見ていくと、庄内川のような大河川ではなく、その分流の中小河川で水害となったことも意外だったと思われているようだが、それはそんなに例外的なことだろうか。

直接、国が管理しない中小河川なら大した水害は起こらないとなめてしまいがちだが、氾濫した新川などは庄内川からの分流で、「新川」という名前から推して、江戸か明治に、灌漑や庄内川の洪水の緩和を目的として掘削された人工河川であろう。こういう人工河川は私の居住する茨城県南にもあちこちにあるし、鬼怒川や小貝川のような河川が平野を流れている。これらは、郷土史によると江戸時代以降、稲作と水運の振興に寄与してきたのだが、今日でも、ちょっとの大雨で、場所によっては水浸しになってしまう。それが、滅多に報道すらされないのは、そういう河川が豪雨時に一部氾濫するのは、河川開削の経緯からいっても地元では織り込み済みで、河川周りの土地は、氾濫のしやすさに応じて、もともと、茅場、田圃……などと使い分けられてきていた。私も住みはじめた頃は、ちょっとの雨で抜け道に使っている道路が水没してしまう事態にいらいらしていたが、事情がわかってくると、そういう大雨で水没してしまうような道は、雨が降らなくても、周囲の様子などから何となく見当が付くようになる。

東海豪雨で氾濫した新川も、昔はたぶん、同じようなことだったのであろう。こういう河川を、国よりは地域住民の生活に密着している地方自治体が管理するのは理に適ったことだが、今回の被災地のように川の周りが市街地化してくるのなら、開削した時の社会的背景とは根本的に変わってしまうのだから、いったん、本流で管理者も異なる一級河川と併せ、できれば周辺の土地利用も一つの視野に収めて総合的に水害・水利のあり方を見直してみる必要があったのではないだろうか。第一、五年に一回の大雨を超えたくらいで、何かちょっと他にも不利な出来事が起これば水没してしまうということでは、安心して戸建て住宅で生活などできないではないか。気象条件がそのように異常になる時には、ほかにもおかしなことが起こりがちで、そうなると被害が途方もなく大きくなってしまいがちであることは、これまでも台風や地震などでいくらでも経験されている。今回の新川のような河川は、全国に数多《あまた》、存在すると思うのだが、よその市街地では一体、どう考えられているのだろう。我が茨城県南だって、宅地化がさらに進み、よそから転入する「新住民」が増えれば、今のままで良いとも思えない。

豪雨までは地名も知らなかった西枇杷島町に、私が初めて立ち寄ったのは、豪雨から一〇日ほど経過した九月下旬である。その時は、空地に水浸しになった建具や家具が積み上げられ、異臭を放ちながら霧雨に打たれ、道路の路肩には、たぶん、豪雨の時に水没したと思われる自動車が、シートに泥を載せたまま放置されて、高層住宅の低層部を占める町役場は役場自体の復旧作業に追われていた。名古屋市内など、他の被災地も含めると、水害が原因で発生した廃棄物は二万トンにも及んで、どう処理して良いかめどが立たないといわれていた頃である。被災地の真ん中に一軒、床を地上の駐車場等の上、ちょうど人の背丈くらいの高さの高床状に造って、住宅本体は水害を免れた家がある。この高床は、古くから住む住民が水害の可能性を考えてのことだろうか。一〇月上旬に再度訪問した時は、その状態がやや落ち着いていたのが、一〇月下旬になると、この地区の中心のスーパーは廃業の挨拶を貼ってがらんどうとなり、商店街もファーストフードや電気店などを除いてほとんどがシャッターを閉めたまま。名鉄西枇杷島町駅前の飲食街は、いまだ一軒残らず閉店していて豪雨の爪痕の深さをあらためて思い知らされる。

豪雨からひと月半のこの時点でも、町中には、被災した自家用車が何台もナンバープレートを外した状態で放置されたままだし、商店街には閉鎖を決めた店舗もあってゴーストタウンさながらである。住宅も店舗も、ほとんどは、浸水した一階が空っぽのままなので、だんだん日が短くなってくると、通勤通学帰りの時間帯は道路が真っ暗で不安だという声も多い。住宅やアパートは、自前の資力で復旧のできそうな立派な家から順に、家具の交換や補修工事が始められているが、水害を機会に引っ越してしまったらしい空室ばかりになったアパートや、家具・建具も放り出した状態で生活しているらしい住戸も少なくない。

三回訪れる間に顔見知りになった喫茶店主によると、町の復興に向けた話し合いなどもそんなに順調ではないようである。何しろ、名古屋都心に至近という地理関係を背景に、これまで特に難しいことを考えなくても、それなりに産業と生活の基盤を確保することができていた。しかも、高度経済成長期以後に住み着き、名古屋市内に通勤する住民が多いこともあって、町の将来を、地元商工業者や住民などで考える場をつくっていたわけでもなければ、地域のリーダーを育てるという雰囲気もなかったところに、この水害であるという。

喫茶店主に聞くと、買い物はほとんど電車で川向こうの名古屋市内に行って済ませているが、時間がそうかかるわけでもないので、慣れてしまうとそんなに不自由には感じなくなって、むしろ、名古屋市内の方が商品の選択の幅が広いメリットに目がいってしまうものだそうである。それは、買い物客が町外に逃げていってしまうことを意味するので、商店街の復興がますます難しくなるうえに、身近な商店がみな閉店しているため、高齢者や身障者が買い物をできなくなって困っているという。

行ってみて初めてわかったことだが、西枇杷島町の道路は、町を通過する自動車本位に組み立てられているとしかいいようがないもので、主な被災地から駅に行くには歩道橋や足許《あしもと》の悪い地下道を渡ったり、相当な遠回りをしなければ横断歩道を通れないようになっているところもある。地元商店街は住宅地とつながりあっていたから、本来、生活のための買い物だけなら、トラックが行き交う道路を渡ったりしなくてもよかったわけだが、豪雨後は電車で買い物に行かなければならない。高齢者や身障者は、買い物に行くのさえままならなくなっているわけである。

そして、買い物も町外に流出してしまうということは、町工場などでは、設備や機械を復旧できても、そう簡単には仕事が戻ってこないことを暗示している。東海豪雨は、中部地方では記録的な豪雨といっても、名古屋の経済圏内で床上浸水のような顕著な被害を受けた範囲はごく限られている。被災地の工場などへの注文が、豪雨後、一時的に他の地域に流れること自体はやむを得ないが、この不況の中、それは、そう簡単には、西枇杷島町に戻ってはこないだろう。そうなると、局地的な被害を受けた地域は、ますます、立ち直れなくなってしまうことになる。

しかし、大雨による増水を背景に、局地的な氾濫が起きるようなケースは、もし、そこで氾濫が起きなければ、その水は他所で氾濫していたのかもしれないという可能性を含んでいることが多い。いい換えれば、ある地域で氾濫したことが、結果的に、他所を氾濫から救っていた可能性もあるはずである。

古くから、河川流域では、堤防の高さをめぐる農村間の紛争や、増水時の堤防の決壊の原因をめぐってどす黒い推測が絶えなかった背景でもあるが、仮に氾濫のリスクが流域の集落によって大きく違わざるを得ないとして、それを紛争に導かずに解決しようとするならば、被災地を少なくとも同じ河川の流域全体で支援するような互助的な仕組みがあっても良いだろう。流域全体ということでは近代的な行政の枠組に乗りにくいということなら、被災した町村より上位にある県や国のレベルでの復興支援制度ということになろうか。

　私の専門外の水害の被害を目の当たりにして、どことなく言いたい放題になってしまったが、我が身に立ち戻っても、いろいろ課題はありそうである。

　第一に、東海豪雨における西枇杷島町のように、局地的な災害によって、狭い地域の産業が決定的な被害を受けて、立ち直る手がかりがなかなかつかめないという事態は、大規模ビルの火災や情報システム事故などでも起こり得るからである。たとえば、超高層ビルで本格火災となってしまった場合。延《の》べ床面積一〇万平方メートルの超高層ビルならば、一万人以上の人が働いている。小都市の就業人口に近い大きさであり、仮に一階分でも本格火災となれば、数週間は、直接、火災とならなかった階も含めて建物全体が閉鎖されたり、著しい機能低下を来すだろう。そうなれば、そのビルのテナントは、仕事が満足にできないことに由来する間接損害だけでも、経営困難に陥ってしまうに違いない。しかも、ビル火災は、水害と違って、その背景に、管理する人間の力を超える異常な自然現象があるわけでもなければ、また、もしそのビルで火事にならなければ他のビルで火災になる可能性が高まる、というものでもない。すなわち、自然災害と違って、被害からの立ち直りを公共の手で経済的に支援しなければならない理由はなく、万一、そのような事態になったとして、どう解決するかは、もっぱら、企業のリスク管理の課題となるわけである。建築物も、一棟で小都市並みの機能を抱え込む規模になれば、何らかの事故や災害が起こった時、その影響が及ぶ範囲を局限化する技術というものも考えていく必要があるだろう。

第二に、現在の防災系の学問の関心が、災害現象の解明と被害発生の予防、せいぜい、被害の軽減までに集中していて、被害発生後の生活再建や産業の復興への取り組みがあまりなされていないことも痛感せざるを得ない。それは、東海豪雨の五年余り前の阪神淡路大震災の時も感じたし、そういう指摘は各方面からされて、社会学や都市計画などの視点から、災害復興の方法論が模索されてきているのだが、東海豪雨で生じたような都市型水害は、被害が局地的であることがかえって復興を難しくする面がある点など、地震災害とは異質な表情を見せている。防災系の学問の専門家となる動機は、大体が、地震・台風・火災などの物理学的現象に対する興味からだったり、それらから守るべき建築や社会資本、経済への取り組みだったりで、災害全般にわたって生活への関心が育ちにくかったし、被害の性格は、災害現象によってかなり違うにもかかわらず、火災と経済、水害と建築というような境界領域がなかなか育ってこなかった。現在、文系・理系に極端に分かれている大学受験・教育体系ではなかなか一個人の中で両立しにくい関心であり、研究者の卵が挑んでみようにも、なかなか溝の深い領域の境界でもあって、指導教員には、そんなの論文にならないから止めておけ、といわれかねない分野ではある。でも、そういうことの積み重ねと、新潟地震（一九六四年）から阪神淡路大震災（一九九五年）までのほぼ一世代の間、主な大都市で壊滅的な地域災害を経験することがなかった幸運が、災害を生活から捉えるという、本来は当たり前であるべき視点の欠落につながってきたのではないだろうか。「地に足をつける」という防災の基本に立ち戻ってみて、防災の学問全般に課せられた課題も少なくないと思うのである。

なお、東海豪雨で洪水が目立った中小河川のハザードマップがほとんど作成されておらず、洪水予報も行う体制が整っていなかったことへの反省から、翌年の二〇〇一年六月、主として中小河川の洪水対策を整備する趣旨で水防法が改正され、全国で洪水ハザードマップなどが作成されるようになった。かつては、洪水の可能性を口にしたり、洪水が起こった時の予想被災範囲などを公表すると地価が下がるなどといわれていたことから見れば、ハザードマップの作成と公開は隔世の感がある。しかし、こうして順次、公開されてきたハザードマップに目を通すと、極めて稀な豪雨で家屋が浸水どころか水没してしまうような浸水深の洪水が起こる、というようなことが図示されているものが少なくない。そのような表現だけでは、それほど激しくはないが、床上浸水で生活を破壊するには十分な洪水を見落としてしまいそうで、生活や人生の感覚に引き寄せた改良が必要なのではないだろうか。せっかく作ったハザードマップの存在すら知られていない場合もある。まちづくりなどへのハザードマップの有効利用の活性化も、これからの課題である。

災害を忘れるのに何年かかるか
――一〇年風化説

災害は忘れた頃にやってくるといわれているが、それは、ひどい災害を経験したり、身近に災害が起こると、しばらくは災害に気をつけるので、災害の原因になるような現象が起こっても、被害に至るのを防げたり、その傷口が広がらないようにすることができる。しかし、それはなかなか緊張を強いるので、ある程度時間がたつと、災害でどんなにひどい目にあったかを忘れて、災害に対する備えが甘くなる。そこで事故などが起きるとその被害がひどくなる、という経験的な真実を物語っている。

それでは、人間は、どのくらいの時間で「災害を忘れる」のだろうか。発想が単純過ぎるかもしれないが、災害を忘れる時間が明らかになれば、その前に忘れないように何らかの手を打つことにより、災害予防の効果をあげることができるのではないか。

建築災害などの研究者とこういう雑談をすると、一般的な災害の記憶は、放っておけば大体一〇年くらいで風化してしまうと考えている人が多いらしい。私もその一人であるが、ここでは、この「災害記憶の一〇年風化説」を事例により例証し、なぜ一〇年くらいで忘れてしまうかを考察したうえで、このような災害が繰り返されないためには、何が必要かを考えてみよう。

古い話になるが、一九三三年八月九日、関東地方では初めての大々的な防空演習が実施された。日本の中国侵攻などを契機に日米関係が悪化してきたのと、航空技術が一九三〇年代に入って急速に発展し、長距離爆撃の可能性が視野に入ってきたのが、その背景であったが、その直後の八月二八日には、日本初の実物大火災実験が、木造家屋を使って東大構内で実施されている。

一九三三年八月といえば、一九二三年九月一日の関東大震災からちょうど一〇年後であるが、関東大震災では、東京下町や横浜の木造密集市街地で大火となって膨大な数の犠牲者を出している。火災実験は、そのほぼ正確に一〇年後のことなのだから、その趣旨には関東大震災のような大火の再発の予防が視野に入っていて不思議はないと思うのだが、実験報告書を見ると、関東大震災については何も言及されていない。防空演習も、東京が空襲される可能性があることを念頭に置いて実施している以上は、その一〇年前の関東大震災のような事態が起こらないようにすることを目的にしていてもよかったわけだが、演習の記録を見ても、その記述は見られない。そして、その当時、東京は、ビジネスセンターなどを除いて、せいぜい道路側だけをモルタルや金属板で仕上げた木造建築で復興され、震災以前は煉瓦造や土蔵・塗屋のような防火的な建物が主体を占めていたのに比べても、防火性能の低い建物で埋め尽されていた。

火災実験や防空演習の記録に関東大震災火災への言及がないのは、何か理由があってのことかもしれないが、この事態から、私は、関東大震災のような歴史的な大災害に遭ってさえ、一〇年もすれば、その恐怖感は切実なものとしては感じられなくなって、風化してしまうのではないかと思っていた。その一九三三年、三陸海岸は、いわゆる昭和三陸津波に襲われて死者・行方不明約三〇〇〇、家屋流失約四〇〇〇という膨大な被害を受けているが、三陸地方は、一八九六年にも大津波に襲われて、この津波以上の被害を受けていた。この明治三陸津波の被災地で三七年後に再び同じような被害を出していることに関心をもった地理学者・山口弥一郎は、明治三陸津波後の被災地の復興過程を調べて、津波直後には高台に住まいを移動していたのが、一〇年後には、津波をかぶった地区に再び家屋が建ちはじめていることを確認している。

そういえば、第二次世界大戦後一〇年の翌年、一九五六年春に出された経済白書では「もはや戦後ではない」と謳《うた》われたりしている。その背景には、戦争で壊滅した経済水準が、一九五五年には、日中戦争直前の一九三五年のレベルまで回復したことなどがあったが、こういう刺激的な表現が現れ、しかも社会にそれなりに肯定的に受け止められたのは、戦後一〇年で、単純に戦争が忘れられたというよりは、戦争による国土の荒廃がそれなりに克服され、「戦災復興」という誰にでもイメージを共有しやすく、力を合わせることに力点が置かれた目標にかわって、一人一人の価値観や目標に基づいて、社会や生活をどのように発展させていくか、考えざるを得なくなってきたからであった。

人間の意志によって始められ、遂行される戦争は、むろん、災害とはいえない。しかし、こう見てくると、社会が壊滅的な打撃を受けても一〇年すれば、その記憶が風化してしまうということは、いかに人間が忘れっぽいかを物語っていると解釈するのでは不十分で、厄災の打撃を振り払って、新しい人生や社会をもう一度、前向きに作り直してみたいと思う人間の願望の現れという一面をもっているのではないかと思えてならない。

通常の自然災害ならば、災害後、一〇年しゃにむに社会と生活の再建に取り組めば、何とかそれなりのレベルに落ち着いてきただろうし、災害時の青年は、一〇年後もまだ、だいたい青年という世代に、また災害時の壮年は、一〇年たってもだいたい壮年世代に留まっている。だから、災害から一〇年後なら、被害の影響から何とか立ち直ったうえで、災害で失った何年かを、その時と同じ世代の枠の中で何とかやり直すことができよう。敗戦から一一年めの「もはや戦後ではない」が社会にアピールしたのは、そのためではないかと思うのだが、二〇年後や三〇年後になると世代は変わってしまっていて、なかなかそうはいかない。青年として人生をやり直せなかったものが壮年として新しい人生を始められるというものでもないだろうし、自分の人生の中にぽっかりと大きな空白ができてしまったと思われたとしても無理はないだろう。日本初の防空演習にあたって、関東大震災が引用されなかったのは、あるいは、大抵の東京市民が、震災で親族や知人に犠牲者を出していた事実をことさら蒸し返すのをためらったためかもしれない。

このように、相手が滅多に襲ってこない天災である限り、一〇年で災害を忘れるのは、一度しかない人生を、悔いのない実りのあるものにしたいと思う個人のレベルでは、それなりに合理的かつ切実な行動で、災害をたった一〇年で忘れてしまうのかと、むげに非難したりする気にはなれない。そこで課題となるのは、個人のレベルでは、災害の記憶が風化するのはやむを得ないものとして、同じ災害を、自分自身がずっと後になって、あるいは孫子の代になって、再び経験するというようなことをどのように防ぐかであっただろう。

三陸津波を調査した山口は、災害の記憶は放っておけばわずか一〇年で風化する事実にため息をつきながらも、近代以前の先人たちが、そのような忘れやすさは人間につきものであると見通して、自然災害の危険を地名などで残してきた知恵を評価している。昔話や神話、旧訳聖書などにも災害と思われる記述があるが、それらも、近代以前の社会において、災害を、世代を超えて記憶に留める装置の役割を果たしてきたといえなくもないだろう。

しかし、人間の移動が激化し、災害の種類や様態も多様化して、自然災害以外の災害が増えてくると、単純に被害を受けたことは忘れて心機一転という姿勢ではやっていけない場面に次々に直面するようになる。たとえば、火災や産業災害のようなものは、何十年に一度の激しい自然現象が起こらなくても発生するから、災害の被害を忘れて一からやり直しでは、何回も繰り返し同じ被害を受けるばかりである。そういえば、ビル火災も、一〇年周期くらいで、性格がよく似ていて、犠牲者数も多い火事が繰り返されている。

二〇〇一年九月一日未明に東京・新宿の雑居ビルで四四人の犠牲者を出した火災は記憶に新しい。地上四階、地下一階として建てられた雑居ビルで、一本しかない階段に積み上げられた可燃物から出火して、三、四階の店舗にいた客・従業員のほとんどが逃げ場も失って死亡したという火災である。地下や中高層の建物では窓から飛び降りて避難するわけにはいかないので、階段は、建物全体からの避難路として重要だが、建物を鉛直方向に貫いているという空間的性格上、いったん、そこで出火したり、出火した階から煙が入ると、今度は、少なくとも出火階以上の建物全体に有害な煙をおし広げる経路になってしまう。たかが階段、と思われようが、階段は、管理次第で、命綱にもなれば、煙の供給網にもなるのであり、そのおそれは、階段が一本しかないペンシルビルにおいて、特に著しい。

この火災では、東京では、鉄骨造等の耐火建築物単体の火災としては史上最大の犠牲者数となったが、階段の管理不備が膨大な死者数を出す原因となったビル火事は、何もこれが初めてではなく、一〇年余り前の一九九〇年にはスーパー長崎屋尼崎店火災（死者一五人）があり、さらに遡ると、一九八〇年代初期の川治プリンスホテル火災（死者四五人）など、そして一九七〇年代初期には大阪千日デパート火災、熊本大洋デパート火災のように犠牲者が一〇〇人を超える大火災がある。これらの火災は、防災に直接関係していない読者でも、それぞれ、青年期にさしかかった頃以降に起こったものについては、記憶の片隅に残っているのではないだろうか。

そして、これらのどの火災でも良いが、起こった直後にどのようなことが行われたか、思い起こしてみてほしい。被災したビルなどの防災管理の杜撰《ずさん》さや防災法令違反が、新聞やニュースで指弾され、全国で消防の緊急査察などが行われて、場合によっては、消防法や建築基準法等の法令も強化される。一方、被災した業者の同業他社は、事故で足が遠のいていく客を引き留めるために、何とか安全をアピールしようと宣伝に努める。でも、そういう緊張がいつまで続いただろうか。

顕著な都市型のビル火事が一〇年ごとに起きているという事実は、大きな火事の原因となるような特異な出来事が一〇年おきに起きているからではなく、世間を騒がせる火災も、起きてから一〇年もすれば、人にいわれなければ思い出せない程度に忘れられてしまうからではないだろうか。法令を強化しても、もともと法令を守る気がない経営者は、法の網をくぐろうとするだけだし、査察のようなものも、これだけ建物が増えてくれば、そう頻繁に行えるというものでもない。緊張を持続できないことが問題なのではなく、もともとそんなに長く持続できるはずがない緊張に頼った防災対策では効果に限度があるということだろう。

火災は、江戸時代の都市ではすでに大いにおそれられていた。そこで、竈《かまど》を家庭のどこからでも見える場所に置いたり、意匠を凝らした防災用具を誰の目にも見える場所に置いて、火災予防を日常生活に組み込んだり、防災体制を、祭のように地域共同体の誰でもが参加する娯楽と結びつけることによって、活性を失わないようにしてきた。

出火の危険のある設備や防災用具を、いつでも誰にも見えるようにしているのは、単に、出火を早く発見できたり、災害が起こった時にすぐに用具を使えるという機能的な効能を期待できるだけでなく、日頃から事故や災害の発生全般に対する警戒心を失わせないというもっと広い効果を期待してのことでもあろう。その例は、本書で飛驒高山について記した章を参照願いたいが、確かに、古い町家の玄関土間に置かれている防災用具などは、単なる機能を超えて美しくデザインされ、配置されている。防災対策の技術的高度化を進めた果てに我々が取り組まなければならなくなっているのは、こうした知恵をどうやって、現代の習慣や制度と調和させて再興していくか、ということなのであろう。

今日、防災法令がなかなか守られないのは、法令を破っても、法令罰則の限界上、大したことにはならないと踏んだうえで規制を無視する拝金主義に原因がある、といわれている。そうだとすれば、惨事につながるような規制違反をすると、経営者が経済的に損をするような仕組みになっていなければ、その克服は難しい。いわゆる雑居ビルに限っていえば、一〇年に一回クラスの大量死をともなうような火災は、階段に物が積んであって出火の危険もあれば、避難も困難、というように、専門家や査察でなくても、ビルに入って店舗に至る間にすぐにわかるような条件のもとで発生するものである。法令違反、といっても、いろんなレベルがあるので、具体的にどこが悪いのか、また、安全にどんな影響があるのか、ビルの利用客にはなかなか理解できないものだが、この程度なら、単純で誰でも判断できるだろう。そういう単純な判断基準を普及させて、そういうビルのお店には行かない、と消費者が決めるだけでも、事態は相当、改善されるのではないだろうか。

さて、ここで、冒頭の一〇年風化説に戻る。関東大震災の時の火災の悲惨さの記憶は、日本では一〇年で風化したかもしれないが、アメリカ軍部は、関東大震災の火災を、その後の記憶の風化と日本の気象条件を含めて冷徹に研究していた。第二次世界大戦末期の一九四五年三月九日から翌日の未明にかけて、東京は、B29による空襲で下町のほとんどを焼失し、一〇万に及ぶ非戦闘員の犠牲を出した。米軍による空襲は一九四四年末から続いていたが、この東京大空襲は、それまで軍事施設や軍需工場主体の爆撃に絞られていた空襲が無差別爆撃に転換された最初の爆撃でもあった。それが三月九日の東京であったのは、偶然でも何でもなく、東京付近で乾燥した強い季節風が吹くタイミングを狙いすましてのことに違いない。関東大震災の時、日米関係は良好で、アメリカは多大な義捐金《ぎえんきん》や援助を日本に送っている。それから二二年半。ほぼ一世代前に太平洋の彼方で起こった出来事を、米軍はきっちりと戦略の切り札に活用していたのである。

事故予防体制三〇年崩壊説

災害が忘れた頃にやってくるのとは少し違うが、巨大技術が現実化されて大体三〇年すると、社会を震撼させる大事故が起きるという説がある。事故や災害に関わるジャーナリストの方たちから、よく耳にする説である。

二〇世紀における巨大技術といえば、原子力に宇宙開発、大型航空機が代表格というところだが、まず、原子力発電は、一九五四年に実用第一号が開発されてから三二年後の一九八六年に旧ソ連ウクライナのチェルノブイリ原発事故が起きている。宇宙開発では、スペースシャトル・チャレンジャー号爆発事故が起きたのが、アメリカで一九五七年に宇宙ロケット打ち上げが始められて二九年後の一九八六年である。原発事故としては、チェルノブイリの前、一九七九年にアメリカ東海岸のスリーマイル島原発の事故もあったが、それで数えると二五年となる。いずれも、原子力や宇宙開発のその後に長く、深刻な影響を残した事件だった。

もっとも、航空機は、出発点のライト兄弟機自体は、重力をふりきって空を飛んでみたいという詩的願望に基づくヴェンチャーで、巨大技術とは性格がいささか異なる。航空機の巨大技術としての方向がはっきりしてくるのは第二次世界大戦後、ジェット旅客機が飛ぶようになってからであろうか。航空機の大事故は枚挙にいとまがないが、なかでも衝撃が大きかったのは、死者数が五〇〇人を超えたカナリア諸島テナリフェ空港のジャンボ機衝突事故（一九七七年）と日航機御巣鷹山墜落事故（一九八五年）であろう。一九四九年に初のジェット旅客機デハビランド・コメットが初飛行して、それぞれ二八年後と三六年後にあたる。二〇〇〇年七月にパリで起こった超音速旅客機コンコルドの離陸失敗墜落事故は、コンコルドが一九六九年に英仏合同で開発されて以来三一年にして初めての墜落事故となった。

高速鉄道も、その輸送能力と運行システムの緻密さなどからみて、巨大技術というにふさわしい。その先駆けとなったのは、一九六四年に開業した東海道新幹線だが、新幹線は、開業以来長い間、乗客の死亡事故ゼロを続けていたのが、三一年後の一九九五年にその第一号を発生させている。その後、一九九八年には、ドイツの高速鉄道インターシティエクスプレス（ＩＣＥ）で高速走行中の列車が脱線全壊するという大事故を起こしているが、本稿執筆時点では、その真の原因は未解明で、ＩＣＥも以前のような高速走行を見合わせたままである。

これらの個々の事故には、それぞれ、個別の背景と経過があり、大事故まで三〇年前後となったのは偶然に過ぎないといえばそれまでである。しかし、三〇年前後という年月の単位は、人間の世代交代に相当し、工業製品ならば、動作をともなう装置や部品の耐久年数を超えたうえに新規性が完全に失われて余りある時間に相当する。そして、企業ならば、創業時の方向を全面的に見直さなければならなくなるまでの時間である。

すなわち、三〇年もすれば、技術開発に携わった人間は、ほぼ全員が、技術の現場から姿を消している。開発当初には、機械などの故障も発生するものだが、それを乗り越えてきた知恵が、人間の交代とともに忘れ去られるわけである。

巨大技術の一部を構成する装置や部品も、三〇年たてば、大体、製品としては世代が交代している。初代の頃には、先端技術の一翼としての気合いを入れて作られた部品も、二代目、三代目となると、価格競争に揉《も》まれて頼りなくなったりするし、それが部品として使われる技術全体とは全く別の部品自体の論理――たとえば、部品のさらに部品となるものや素材も世代が替わっているのだから――によって作られるようになると、思わぬところで、他の部品とそりが合わなくなってくる。

そもそも、開発された時は最先端技術でも、三〇年すれば、その価値は、すっかり日常的な技術として社会の歯車となるか、陳腐化して消えてしまうかのいずれかである。大体、「五〇〇人乗りの旅客機」、「再使用を前提とする宇宙船」というようなものが開発されること自体、飛行機や宇宙船が日常的な基盤技術に仲間入りしたことを表していようが、新幹線も、関東と京阪を日帰り圏として結ぶ大量輸送機関という社会構造を一変させる展望のもとにつくられたのだが、バブル経済で市街地の地価が高騰した一九九〇年前後には、東京から二〇〇キロ以内の中距離圏では通勤電車になって、もつ意味が変質していた。

先端技術がやがて社会の歯車となること自体は、その技術が社会に円満に受容されたことを表す自然な成り行きである。先端技術ともてはやされている間は、それまでは不可能だったことが可能になることを通じて生まれる付加価値の高さや未来に対する大衆の希望だけで十分、技術の存在理由となり得ようが、日常生活を支える基盤技術として社会の歯車になった時には、付加価値は低下し、明日への希望ではなく今日、役に立つかどうかが存在価値を決める源泉となる。それは同時に、先端技術と誰もが認識していた間は、安全に対しても敬意が表されていたのが、多少、安全に疑問があっても、歯車を回す方を優先するようになる可能性をも孕《はら》んでいるが、しかし、原子力は原子力、時速三〇〇キロは時速三〇〇キロで、何か間違えれば危ないことに変わりはない。

新幹線の乗客死亡事故から四年後、山陽新幹線では、トンネル等のコンクリートの剝落事故が相次いで、列車の正常な運行と安全に大きな不安を投げかけた。この時、山陽新幹線を経営しているJR西日本は、コンクリートの点検を至急行って、できるだけ早く安全宣言を出すというコメントを出して沈静化を図ったが、かえって、安全かどうかは点検してみなければわからないのだから、安全宣言の日程を予定すること自体が、問題を軽視しているとの批判を招いてしまった。さらに二〇〇〇年九月の東海豪雨の際には、東海道新幹線が、愛知・岐阜を中心とする大型豪雨が予報され、被害が発生しはじめていたという情報がインターネット等で行き交っていたのをついて運行を続けた結果、合計五万人を超える乗客が、途中でストップした七四本の列車内で夜明かしをするという新幹線開業以来の混乱となったが、こうしてみると、一九九〇年代後半の新幹線には、随所に、安全の確保よりも歯車の回転に忙しくなっている様子が読みとられる。スペースシャトル・チャレンジャー号事故も、整備中に異常が発見され、該当部品メーカーが飛行の延期を進言していたのを無視しての打ち上げの直後の出来事だった。現役教師を搭乗させてのデモンストレーション色の強いプログラムとなっていたことも、打ち上げ強行の背景にあったのではないだろうか。

先端技術が世に出た初期は、トラブルも多いかもしれないが、それを克服しようとする意気も軒昂《けんこう》であることは、一九七〇年に月への有人着陸をめざしたアメリカの宇宙船アポロ13号事故をみてもわかる。月への往路で、液体酸素タンクが破裂した宇宙船は、地上管制との緊密な連携のうえ、月着陸船を救助船に利用して生還に成功するが、その手に汗を握る一部始終は、たとえば、新潮文庫の『アポロ13号奇跡の生還』（ヘンリー・クーパーJr.著、立花隆訳）に詳しい。事故から生還に至る間の冷静な執念は、上り坂にある先端技術を支える組織と人間の力強さを感じさせて余りあるものがある。

巨大技術が、先端技術と敬意を表されている間は、価格競争に曝されることも少なかったのが、日常の歯車となれば、同業種間で激烈な価格競争を強いられて、安全対策が疎《おろそ》かにされる可能性もある。たとえば、一九八〇年代のアメリカで、航空会社が続々と設立されて航空運賃がめざましく低下したが、それ以来九〇年代半ばに至るまで、アメリカでは航空機事故が多発した。個々の事故の経過と背景については、現役パイロットである杉江弘氏による『機長の告白　生還へのマニュアル』（講談社）に詳しく解説されている。事故の多くは、新興航空会社の旅客機だった、という意味では、新しい組織で起こりがちな事故とも解釈されようが、杉江氏によると、この時期、航空会社が続々と設立されたのは、一九七八年に、アメリカで航空輸送業の自由化という規制緩和が行われたことを背景としており、一九八一年には熟練航空管制官のレイオフによる人件費削減政策まで実行されていたという。そして、そのような規制緩和が行われたのは、ジェット旅客機がすでに日常の歯車の一つと解釈されるまでになっていたからだろう。この一連の事故も、この意味で、航空産業全体にわたる事故予防体制三〇年崩壊説の一部をなすと考えられるのである。

事故予防体制三〇年崩壊説は、このように、それなりに真実を含んではいるが、問題となっているのは、人間が作り出す技術であって、人間の能力を超えた自然現象ではない。だから、事故予防体制三〇年崩壊説は、人間が努力しても変更が利かない科学的真理として、そのまま、受け入れるわけにはいかない。

事故予防体制三〇年崩壊説の背景には、このように、巨大技術の先端技術から基盤技術への性格の転換や陳腐化があるとしても、日常生活を支える社会の歯車としての基盤技術には、希少な価値や機能を実現することで成立する先端技術とは違う重大な価値があるはずである。そもそも、原子力が生み出すエネルギー供給事業や航空機・高速鉄道が担う交通・輸送のような基盤技術は、産業としての規模や就業人口が巨大だし、現代の生活と産業の基盤であるだけに、万一、それが十全に機能しなくなった時の損失や影響は計り知れないほど大きい。社会の日常が正常に機能していなければ、先端技術への投資も難しくなるという意味では、基盤技術が正常に機能することが、先端技術の育成そのものを支える基盤でもあるわけでもある。

基盤技術でも先端技術でも、防災や安全を軽視できないことに変わりはないとして、重要なのは、社会の歯車として存在価値がある基盤技術と先端技術とでは、防災や安全の実現の背景となる産業の体制などに本来、著しい違いがあることであろう。

技術が先端技術といわれている間は、広い社会からはある程度隔離された、いわば閉ざされた世界の産業であるのに対して、産業を支える地理的面積と人口が膨大な基盤技術は基本的に社会に開かれた産業である。先端技術が小人数のトップエリートに担われているとすると、基盤技術は無数の常識的な市民に担われるのがふさわしいということもできよう。基盤技術を支えているのは、もう、技術の全体や産業の全体を個人や小人数のエリートが見渡せるような世界ではない。先端技術といわれている間は、明確な設計思想のもとに、細部や部品に至るまで一貫した考え方を注ぎ込むことが不可能ではなかったのに対して、文化も気候も異なる世界に基盤技術として受け入れられた後は、設計時には予想もされなかった運営体制のもとで、予想もされない使い方をされたりするのである。事故が起こったとしても、アポロ13号の時のような対処を期待することはできない。事故予防体制三〇年崩壊説は、先端技術であった巨大技術を社会の基盤技術としてソフトランディングさせるところで、大きな失敗が起こりやすいことの警句と読みとることもできるだろう。

先端技術を機能的に運営させるやり方では、基盤技術は扱い難いが、防災や安全については、基盤技術が先端技術が優位に立てる面もある。たとえば、当然といえば当然だが、技術の詳細については、基盤技術の方が先端技術よりも遙かに情報が広く把握されていることである。すなわち、何らかの技術が基盤技術として社会に広く根を張っている頃には、その技術に固有な問題点や危険性は、大事故に至らない程度のトラブルとして、あらかたすでに、経験されているはずである。しかも、その数や程度は、普通、統計的処理に耐える程度に達しているであろう。大体、大事故と呼ばれるような事故は、故障やトラブルが幾つも重なった末に起こるもので、個々のトラブルは、ほとんどの場合、大事故に至る前に経験されている。

だから、事故予防体制三〇年崩壊説を覆すうえで最も必要なことは、その三〇年間の間、大事故に至らない小さなトラブルや小事故の記録とその分析、関係者への周知の徹底と安全管理体制のあり方の見直しへのフィードバックを組織的に続けることではないだろうか。何だ、そんなことかと思われるかもしれないが、世間で、こういうことがそれほど励行されてきたとは思えない。事故・災害の調査や記録、分析には専門性を必要とするし、事故などを起こした現場では、たとえ大した被害に至らなくても、できることなら、事故の事実が知られないで済むようにしがちである。だから、このような活動を確実に実行するためには、その組織づくりから、小事故・トラブルの報告の義務づけや独立性の高い調査・記録の権限の確立、安全管理体制改革への提言の尊重、改革が提言された時にその具体的可能性を肉付けする体制の整備など、組織全体としても、小手先では到底終わらない本格的な取り組みが必要である。

小事故が起こった時、当事者が冷や汗をかいて終わり、とせずに確実に記録・報告させれば、個々のトラブルの発生率が把握できるし、トラブルが重なった場合、どのような事態が起こるのかを予測できるようになる。部品の更新や作業環境の変化などが事故の発生に影響するかどうかも、発生するトラブルの頻度や性格の変化の把握を通じて、予測できるだろう。三〇年で大事故が発生するのなら、その前に、すでに、このような小トラブルが多発しているはずである。

企業活動などでは、防災対策は、減点評価の立場でしか評価されないきらいがあるが、それも、事故情報を確実に把握できず、せっかくの経験がその後の予防に活かされない背景になっているのではないだろうか。大体、事故の原因となる異常現象そのものは、偶発的に起こったり、予想を超えた条件で発生することも多いから、結果責任ばかりを追及しても、現場の志気を萎《な》えさせるだけだし、安全性の向上に結びつくとは思えない。それに、事故で被害が生じると、事故の最初のきっかけになった出来事に関わった人物の責任が問題にされることが多いが、装置の操作ミスや出火の発見遅れのような事象に関わっているのは、ほとんどの場合、企業などの中では組織の末端に位置する立場の弱い人間である。本当は、その程度の過失が起こっても大きな被害に至らないように安全体制を組織化すべきなのだが、得てして、このような立場の弱い人間に責任をかぶせて、被害防止に向けた本質的な改善がなされない、というようなことが繰り返されてきた。

事故の責任を問題にするのなら、むしろ、事故につながりかねない異常な事態になったり、事故に向けて事態が悪化していった時にどのように対処したかを評価すべきである。あらかじめ予想されていて、対処の仕方が明確化されているのにそれに従わなかった結果、事態を悪化させたのなら、責任も問われようが、誰も予測できなかった事態で起こった事故などは、事実関係の把握を、現場での責任追求などより優先するのでなければ、また、同じ事故を繰り返すだけだろう。事故になりそうな異常事態に適切に対応して、損害を最小限に止《とど》めたような場合は、逆に、加点評価するのが合理的である。事故における行動が正しく評価されるのなら、現場で事故をひた隠しにする、というようなことも改善されるだろう。こう考えてくると、事故情報を正確に把握することと、事故における関係者の評価の適正化は、表裏一体であることがわかる。

小事故やトラブルの情報を、大事故に至るのを防ぐポイントとともに、関係者に周知させ、必要に応じて、装置の改善や安全管理体制の改革などを行えるようにすれば、巨大事故の多くは未然に防ぐことができようし、得てして当事者だけに占有されるだけで、他人には伝わりにくい防災の知識や知恵は、小事故の記録や分析、対策を文書化することで、第三者に継承可能になる。

巨大技術の、先端技術から基盤技術への転換とは、防災安全のあり方という視点から見ると、「何が起こるかわからない、何が起こっても不思議ではない」緊張に満ちた安全管理から、「何かが起これば、次にどんなことが起こり得るか予測でき、その防止対策がマニュアル化されている」安全管理への転換ということでなければならない。それは、飼育されたことのない野獣を、管理可能な動物に飼い慣らす作業に比較できるかもしれない。先端技術であるたかだか三〇年、あるいは最初の一世代の時間を、防災安全から見ると、災害をこのように飼い慣らして、基盤技術としての防災安全体制を構築するための期間であるといっても良いだろう。先端技術から基盤技術に転換していく時には、せっかく飼い慣らした「災害」を管理する基本情報を伝達し、基盤技術としての安全管理体制が、「災害」をきちんと飼育できることを見届ける、という手続きが必要で、この経過こそが、巨大技術における防災安全の改革であるべきである。

しかし、これも良く指摘されることだが、航空機事故に限らず、宇宙開発、原子力施設の重大事故の多くは、制度や団体、企業、施設の「改革」から日をおかずに発生している。一九八〇年前後のアメリカやイギリス、チェルノブイリ原発事故の頃のソ連はいずれも、政権の転換期や不安定期にあたっていて、「改革」の担い手は、いずれも、それまでの経緯に対してしがらみの少ない人物である。こうした「改革」は、直接的、短期的には経営の経済的効率化を狙って行われるものだが、それまでに大きな災害や事故が起こっていない場合、それは、適正な安全管理の成果としてよりは、安全管理を無駄な投資とみなす背景として認識されやすいことを示しているのではないだろうか。裏返していえば、事故予防体制三〇年崩壊説が国際的に跋扈《ばつこ》しているのは、組織改革にあたって、それまでかろうじて鎖につなぎ止められていた巨大技術という野獣の安全管理の本質がいかに見過ごされてきたかを如実に物語っているわけである。

こうして、原子力、宇宙開発、大型航空機の各分野で社会を震撼させる事故が起こるようになったのは、開発から三〇年という時間の経過が共通しているというより、一九八〇年前後の一〇年間という共通した時代に起こったという見方もできるかもしれない。それは、いずれもが第二次世界大戦後の冷戦構造と、たぶん、その反映でもある科学万能主義の中で出現した巨大技術で、それを支えてきた閉鎖的な技術エリート体制が制度疲労を起こしてきた表れともいえよう。そして、これらの事故が続いた直後には、冷戦構造自体が崩壊してしまうことになるが、考えてみれば、社会主義陣営の国家運営や計画経済を支えてきたのも、巨大技術のそれとほとんど変わらない閉鎖的なエリート体制ではなかったか。

先端技術が小数のトップエリートに担われている、と先に書いたが、そういうと、現在、実際に技術開発に携わっている方には、違和感を感じた方も多いだろう。

巨大技術を含む最新の科学技術の成果の急速な日常生活への浸透。高度に先端的な技術でも、その部品の製造国を数え上げれば、すぐに何ヶ国にも及んでしまう技術の無国境性。大学・大学院の進学率の急激な上昇等を背景とする科学技術の担い手の大衆化。インターネットなどを媒介にどこででも入手でき、そして、全体を誰も目を通すことができないほど氾濫し、日々変動する科学技術情報。

冷戦崩壊期には露《あら》わになってきたこの状況は、もはや、巨大技術が先端技術として勃興した時期とは全く様相を異にしていて、どのような技術にせよ、少数のエリート専門家で管理できるなどとは期待できないし、いったん、飼い慣らされたはずの科学技術災害も、再び、管理者の手を放れて野生化しかねないことを意味している。冷戦崩壊を可能にしたのも、この状況だろう。

工業製品や食品の詳細情報の開示や生産流通過程の透明化というようなことの必要性が社会で広く議論されはじめたのも一九八〇年代頃からである。具体的に何かのきっかけがあったのかもしれないが、それは、中央集権的な管理に頼るよりも、生産流通プロセスを万人の目に曝しておいた方が、安全を実現しやすくなってきていたことの表れではなかっただろうか。

巨大技術の災害が頻発した一九八〇年代に起こった薬害エイズ事件や冷戦崩壊後に相次いだ原子力施設の事故、二〇〇一年の狂牛病発病発覚とそれにまつわる混乱などは、いずれも、科学技術をめぐる社会環境の著しい変化の中でこそ発生したのであり、オウム真理教によるサリン散布テロや、二〇〇一年にアメリカで起こった世界貿易センタービルの旅客機衝突テロ、炭疽菌テロなどは、飼い慣らされたと思っていた科学技術が現実に野生化してきた一つの側面を表している、と見ることもできるだろう。冷戦構造が崩壊し、科学技術万能主義が幻想となった今日、安心の恢復は、いまだ試行錯誤の途上にあるといわざるを得ない。

災害は忘れるほど時間がたたなくても所を変えてやってくる
――オーストリア・ケーブルカー火災とロンドン地下鉄駅火災

二〇〇〇年一一月一一日、オーストリアのスキーリゾート・カプルンで起こった山岳ケーブルカーの火災は、日本からスキーの強化練習に行っていた中学生を含む多数の日本人が巻き込まれたこともあって、日本でも大きく報道された。

この火災では、合計一五五人もの犠牲者を出し、その大半が、日本人一〇人を含めて、オーストリア以外の外国人で占められていたことや、前年の一九九九年にはフランス・イタリア国境のモンブラントンネルの火災（死者三九）、オーストリアのタウエルントンネル火災（死者一二）と、アルプス付近で大規模なトンネル火災が続いていたこともあって、国際的にも大きな関心を集めることになったが、二〇世紀後半の日本の鉄道事故で、この犠牲者数に肩を並べるのは、常磐線三河島事故（一九六二年、死者一六〇）、東海道線鶴見事故（一九六三年、死者一六二）と、いずれも社会を震撼させた両衝突事故しかない。地上交通事故としては歴史に残る重大な事故である。

さて、ケーブルカーの火災といえばいかにも特殊そうに聞こえるが、この事故で膨大な数の犠牲者を出すに至った経過には、このケーブルカーがオープンする少し前に原因もメカニズムも解明されて国際的に知られていた火災事例と共通点が多い。災害は忘れた頃にやってくるというが、災害を一回経験してひどい目にあっても時間がたてば災害への取り組みもおろそかになるのだから、場所がちょっと違って、災害を報道で聞いて知っている程度になると、忘れるほど時間がたたない間に、同じような災害がやってくることがある。そう考えられる事例として、この火災を捉えてみよう。

火災が起こったケーブルカーは、標高三二〇三メートルのキッツシュタインホルン山の麓《ふもと》（標高九一一メートル）から稜線手前のカールにある山頂駅まで全長約三・八キロの路線を片道約九分で運行していた。ケーブルカーが麓駅を出て、約五〇〇メートルの間、地表の高架軌道を走行した後の約三・三キロは全体がトンネルとなっており、山頂駅はトンネルの最上部にかぶさるように建っている。つまり、山岳地下鉄とでもいうべき交通機関だったのである。

火災は、一八〇人ほどの乗客を乗せたケーブルカーが麓駅を出る頃には、車両末尾ですでに発生していて、ケーブルカーがトンネルに入った頃、目立って火災拡大が始まったといわれている。そして、トンネル内を約六〇〇メートル走行したところで、火災に反応した非常ブレーキが自動的に作動して停車し、そのまま火災が広がって車両は全焼したが、煙がトンネル上方に広がって、乗客のうち、車両内に取り残されたり、トンネルを上方に避難しようとした八〇%以上が犠牲になったというものである。火災から一〇ヶ月後に警察当局から公表されたところでは、油圧系統の油漏れと運転席に持ち込まれた暖房用ヒーターの過熱が出火原因とされている。

この事故が、ケーブルカーの導入よりそんなに過去に遡らない頃に起こった著名な鉄道火災と共通点が少なくなく、その教訓が活かされていないと考えられるのは、次のような点である。

まず第一に、トンネル内で非常ブレーキで自動停止した後の避難・救助体制が考えられていなかったこと。鉄道トンネル火災といえば、一九七二年一一月に、三〇人の犠牲者を出した北陸トンネルの列車火災がよく知られている。この火災は、全長一三・九キロの北陸トンネルを、大阪発青森行き急行「きたぐに」が乗客七六〇人を乗せて走行中に食堂車で出火したものだが、当時の鉄道運転マニュアルでは、車両で出火等の異常が発生した時には直ちに停車させるよう指導されていた。それは、トンネル火災のようなものを想定していなかったか、少なくとも客車火災ならば人命危険の核心が煙にあることが理解されていなかったからではないかと思われる。とにかく、「きたぐに」のクルーは、このマニュアルに従ってトンネル途中で列車を停車させて、消火を試みたが失敗し、電車も停電して、真っ暗なトンネル内を逃げまどった乗客は煙にまかれて、結局、機関士一人を含む三〇人もの犠牲者を出し、その他の乗客・乗員の大半にあたる七一四人の負傷者を出すことになった。

北陸トンネル火災が起きたのは、その半年前に、鉄筋コンクリート造の建築の火災としては初めて一〇〇人を超える犠牲者を出した大阪千日デパート火災が起こり、さらに一年後には、再び犠牲者数が一〇〇人を超える熊本大洋デパート火災が起こったというように、近代指折りのビル火災が連年、発生して、煙のおそろしさが社会的にも広く認められつつあった時期にあたる。これを教訓として、日本では、長大な鉄道トンネルで火災になった場合は、犠牲を最小化するために、火災を消し止められなかったとしても、車両ごと、人命安全が期待できる場所まで走行した後に避難させ、本格消火を行うというのが基本的な考え方になった。北陸トンネル火災は、鉄道トンネル火災としては国際的にも良く知られているが、この考え方は火災専門家の間では、国際的にも支持されている。

ところで、ケーブルカーは、通常の列車とは異なり、往復二編成の車両を、高い方の終点駅の滑車を介してケーブルで結んで、滑車を回転させ、降下する車両と上昇する車両の位置エネルギーを交換させることによって、往復二方向の運転を同時に行う仕組みになっている。このため、ケーブルが破断すると致命的な事故につながりかねないので、被災したケーブルカーでは、ケーブルに異常が感知されると自動的に非常ブレーキがかかるようになっていた。火災でなければ、トンネル内で非常ブレーキがかかって停車したままでも、少なくとも人命に脅威となるような事態にまでは至らないだろうが、カプルンの事故では、火災が原因でケーブルに異常が生じて非常ブレーキが作動したわけである。

非常ブレーキがかかった時点では火災になっているとは夢にも考えなかったかもしれないし、たとえ火災だったとしても、ケーブルが破断しているかもしれない状況で、走行を続けるのはかえって危険だといわれるかもしれない。さらに、そのまま走行を続けて山頂駅に到達したとしても、山頂駅自体がトンネルの蓋《ふた》の役割を果たしているという構造からみて、果たして安全に避難できたかどうか疑問に思われるかもしれない。しかし、ケーブルカーの軌道の八〇％以上がトンネルであれば、地下鉄などと同様、いつかトンネル走行中に出火するかもしれない、という事態は想定しないわけにはいかない。しかも、通常のトンネルなら、停車した列車から飛び降りればとりあえず地面に着くのに対して、ケーブルカーの傾斜したトンネルでは、軌道に平行に走っている階段状の幅の狭い通路に乗り移らなければならないから、車両が混雑していた場合、次から次に車両から通路に乗り移るというわけにはいかない。もともと、ケーブルカーは、車両の中だって、床が急勾配の階段状になっていて敏速には行動しにくく、乗客が多ければ、火事のような状況のもとでは転倒や将棋倒しのような事態も起こりやすいだろう。無事、脱出できても、トンネル内で車両より上方に向かえば間違いなく煙にまかれる。ケーブルカーには、ケーブルの破断という通常の鉄道では考える必要のない問題も視野に入れなければならない特殊性があることは確かだが、いったん火災になった時の避難のしにくさや煙による危険も、通常の鉄道より遙かに大きいのである。

トンネル内で列車が出火しても走行し続けるという考え方には、もともと、走行中に火災がさらに拡大すれば犠牲者が増えたり、パニックになるおそれがあるという弱点があったが、それを防ぐためには、車両自体を燃えにくくしたり、スプリンクラーのような消火設備で火災拡大を遅延させる、などの対策が必要である。北陸トンネル火災の後、トンネルで列車が出火しても列車の走行は続けるという考え方をマニュアル化した時には、同時に、車両材料の難不燃性評価なども始められるようになっていたが、このような火災拡大防止は、ケーブルカーでは、前記のような避難の難しさを考えなくても、通常の列車以上に重要である。ケーブルカーのトンネルは否応なく斜路となるが、今回のような急勾配のトンネルや斜路で出火すると、火炎が可燃面をなめるように拡大して、平坦な地上や床面に比べて燃え広がりが著しく加速されるため、同じ材料で造っても、通常の列車よりはケーブルカーの方が火災拡大の危険は遙かに高くなるからである。

防災に携わっている人の中には、このケーブルカー火災のニュースを聞いて、その一三年前にロンドン・キングズクロス駅で起こった地下鉄駅火災を思い起こした人も少なくなかっただろう。ロンドン最大のターミナル駅で起こったこの火災では、傾斜トンネル状の昇降路内の木造エスカレーターで出火して、見る見るうちにその上端まで燃え広がって結局三四人の犠牲者を出した。木造エスカレーターといえば奇異に聞こえるかも知れないが、構造は鉄骨で、ステップと両側の腰壁が木造という仕組みになっていて、イギリスだけでなく、当時、オーストラリアなどでも使われていた。

ロンドン地下鉄駅火災の方は、火災後、実験を含む綿密な調査が行われて、可燃性の斜面の傾斜角が一五度くらいを超えると燃焼が目立って加速され、その傾向はエスカレーターのように両側が腰壁で囲まれた状態ではさらに著しくなることが明らかになった。そして、もしそうであれば、このような傾斜路はテロの標的にされるおそれもあるため、一九九〇年代に入ると、木造エスカレーターは急速に姿を消していった。

ロンドン地下鉄駅火災を見れば、傾斜面を走行するケーブルカーでも、車両材料や中に持ち込まれる可燃物などによっては、トンネル走行中にいったん出火すると著しい被害に及ぶ可能性があることは容易に想像がつく。もっとも、少し正確に考えると、車両の壁や天井は本来、鉛直か下向きでそれはケーブルカーでもあまり変わらない。ケーブルカーとすることで特に燃え広がりやすくなるのは床面付近だけではないかと思われるかもしれないが、失火にしろ放火にしろ、出火するのは大体のところ、床面付近である。だから、床面が傾斜したり階段状になると、平らな鉄道車両の床なら焦げ跡がつく程度で終わってしまう火事でも、客室全体に広がる火災にしてしまう可能性が大いに高まるのである。ケーブルカーで、列車にはない特殊性があるというのなら、せめて車両本体と内装の不燃化を図ったり、可燃性の大きな荷物は客室と隔てて運ぶ、というような工夫をして出火自体の可能性や火災拡大の遅延が図られてしかるべきだったが、そのような対策は、カプルンのケーブルカーでは取られていたのか。警察当局の発表のように、油漏れやヒーターの過熱が出火原因だったとしても、それだけで無制限に火災が拡大するというわけでもないのである。

カプルンで被災したケーブルカーは、約一五〇〇メートルの高低差を九分で走行するというのだから、毎分約一八〇メートル。最先端の高速エレベーター並みのスピードであり、この性能を実現するには、軽量化と、気圧の変化の影響を軽減する気密化の必要が大きい。電車や新幹線車両なども、最近は軽量化を目的としてアルミとプラスチックの多用がどんどん進んで、たとえば衝突事故のような条件では、北陸トンネル火災の記憶が鮮明だった時期に比べて、火災になりやすくなっているのではないかと思われるが、ハイテクを誇ったといわれる今回のケーブルカーも、軽量化と気密化を目的として、そのくらいのことはしていたのではないだろうか。この火災で主に何が燃えたかは、本稿執筆時点では特定されていないが、車体が原型をとどめないほど燃えたのであれば、ケーブルの燃焼くらいでは不足で、車体に可燃材料が多用されていたか、大量の可燃物が車内に持ち込まれていた可能性が高い。ケーブルカーの内装も、もし可燃ならロンドン地下鉄駅火災のエスカレーターと同様な危険があったに違いない。

高低差の大きいトンネルでは、煙突効果のため煙が蔓延しやすいが、この事故が発生した後の対応行動では、それも考慮されていなかったようである。

煙突効果とは、煙突のように構造物内が外気より十分高温になると、浮力により、構造物内部に強い上昇気流が形成される現象である。この火災の著しい特徴は、全長約三・三キロ、高低差約一五〇〇メートルと、傾斜角が平均で三〇度に近いトンネル内で発生したということであるが、高低差一五〇〇メートルといえば、日本最高の超高層ビルの約五倍の高さである。高さ数十メートルのビルでも、火災時には煙突効果で煙が建物内全体に広がると懸念されているのだから、これだけの高低差のあるトンネルで、上下端が開放されていたとすれば、火災になった時の煙の流動の激しさは想像に余りある。

もっとも、この高低差があって、冬季にはトンネルを囲む地中温度の方が外気温より高いはずであることを考えると、このトンネルは、日常時でも、放っておけば煙突効果により著しい上昇気流が引き起こされて、いろいろな不都合を生ずるだろう。それを緩和するために、トンネル上端の山頂駅には、車路と外気が直接、結びつかないように、扉が二重になった風除空間を設けて、二枚の扉が同時には開放されないように管理されていた。トンネル内外に温度差があっても、上端か下端が完全に閉鎖されていれば気流が生じる余地はなくなる。このため、火災直後は、煙突効果ははたらかず、車両から発生する煙がトンネル内にたちこめていたが、出火後かなりたって、山頂駅の駅員が現場確認しようとした際に二重扉を両方とも開放してしまったため、煙が山頂駅舎内からさらに外部にまで流出した。乗客だけでなく、山頂駅の駅員三人が煙に巻き込まれて死亡しているが、この煙のためではないだろうか。

公表されているように、出火や燃焼拡大に影響するほど、油圧系統から油が漏れていたとすれば、麓駅を出発していた段階ですでに運転や制御に異常が生じていたであろう。事故は、それを押し切っての運行の末に起こったのだろうか。また、運転席にヒーターが持ち込まれていたという事態は、運転規則の不備・不徹底以前に、運転席の暖房がもともと不十分であったのに放置されていたことを物語っている。

カプルンのケーブルカー火災は、もし、トンネル内で出火した時の車両の走行のルールが明確化され、走行の継続が必要なら走行できるフェイルセーフが確立されていて、車両自体の火災拡大対策が講じられていれば、仮に出火自体は防げなかったとしても、このような大規模な被害につながることはなかっただろう。それに、ロンドン地下鉄火災からカプルンの事故までの間には一三年以上の年月がたっているが、ロンドン地下鉄火災に関する浩瀚《こうかん》な調査報告が公開されたのは一九九一年で、今回の事故のケーブルカーが導入されたわずか二年前である。ということは、ロンドン地下鉄火災の調査結果が公開されたり防災系の雑誌等に紹介されたのは、トンネルや軌道は工事中、車両自体は設計が大詰めに入っていた頃ではなかっただろうか。まだ対策を講ずることはできただろう。

このトンネルは、キングズクロスのケースより煙突効果が遙かに著しく避難も困難という防災上の不利があったのに、当時、真新しかったはずのキングズクロス駅火災の教訓は、施主、設計者、車両製造者、許認可当局の誰にも思い起こされることはなかったのだろうか。ロンドン地下鉄駅火災の犠牲者も、これでは浮かばれないのである。

Ⅲ

えひめ丸追突事故
――原潜に市民を大勢乗せていてまともに操艦できたのだろうか

二〇〇一年二月九日、ハワイ沖で、日本の水産高校演習船「えひめ丸」が、米海軍原潜に衝突されて沈没した事故は、日ならずして原潜が一般市民を多数乗せていわば体験ツアー中の事故だったことが明るみに出たうえ、事故情報が緊急に日本政府に伝えられた際、たまたま休日でゴルフに興じていた当時の森首相がプレーをやめずに直接の指揮を執らなかったことの妥当性から、さらにそのゴルフ場の会員権の入手の経緯にまで疑惑が及んで、すでに支持率が低下していた首相の退陣の引き金になるなど、事故を超えて、疑惑や政治的な影響を深めた。沖縄では、駐留米軍最高幹部が県知事を誹謗《ひぼう》した暴言や米軍兵士による連続放火事件と容疑者の引き渡し問題が政治問題化し、米軍人の行動のモラルに国民的不信が高まっているさなかの出来事でもあった。

この事故は、原潜が海中で速度をあげ、急角度で浮上する緊急浮上により航行中の訓練船に激突したもので、自動車にたとえれば、前方不注意でアクセルをふかした末の追突である。原潜に民間人が乗っていたこと自体は、事故直後から明らかにされていたが、米軍や当局は、民間人が乗艦したことが事故につながったわけではないと説明していた。この説明は、事故後一〇日ほど経た頃には、当の原潜乗務員の証言によってほころびが出はじめていたが、非公開を前提につくられた高度に技術的な施設に、知識や実験管理の経験や訓練のない一般市民が多数、立ち会うことの危うさは、軍事的な経験がなくとも、たとえば、実験などを市民公開した経験のある研究者や技術者ならば直ちに想像できるのではないだろうか。

私は、火災などを研究しているので、火災実験の経験も少なくない。大規模な火災実験には、理論や計算だけではわからない現象を実物で観察し、データをとるというオーソドックスな研究としての意義だけでなく、防災に関わる行政関係者やさらに一般市民が立ち会って観察することを通じて、言葉などだけでは伝達が難しい火災の現象の理解を共有する良い機会になるという意義も大きい。そこで、私自身も、火災実験などで何度も見学を受け入れたことがあるが、危険をともなうので、立ち入り禁止区域を設定したり、触られては困る装置やスイッチ等を封鎖したうえ、見学者に安全の注意が欠かせない。それでも立ち入り禁止区域に踏み込んだり、装置に触ろうとする人はいるし、万一、実験自体に事故が起これば避難誘導しなければならないので、監視員も必要になるが、私自身も、たとえば、比較的専門的な実験を依頼で公開したところ、実験装置から離れた冷却システムのスイッチを見学者が何気なくOFFにしたのが原因で、危うく装置を爆発させそうになったのを筆頭に、怖い経験をしたことが何回もある。なぜ、スイッチが実験装置から離れていたのか不思議に思われるかもしれないが、実験前にわざわざ安全装置のスイッチをONにするのを行動として実験従事者全員が確認できるし、実験中、他のスイッチなどと誤って操作するのを防ぐという安全管理のためだったのが裏目に出たわけである。

それでも、実験施設くらいなら、実験の公開を前提に設計されたりしていないとはいっても、実験担当者以外が入るスペースがなくなるほど、施設が狭苦しいというわけではない。しかし、軍事的な施設や装置は、攻撃されにくくしたり、軍事行動を身軽にしたりするために、そもそも、余剰のスペースなどできないように切りつめて設計されているはずである。潜水艦などは特にそうであろう。事故当時、原潜の操縦室には、一六人の一般市民が乗り込んでいたというが、軍事的行動の中枢であれば、意志決定の迅速を図るためにごく小人数で協議などされるようになっていたはずで、一六人もの人間が、操縦担当者の他に入っているという事態そのものが想定されていなかったのではないか。

一六人の見学者というのは、引率する側からみても、狭苦しい場所などでは、全員に目が届きにくく、すでに少し扱いづらい人数である。何か、誰でも興味をもつような対象や出来事を見学しているのならともかく、潜水艦に乗っている間、ずっとそんなことが起こっているわけでもないだろう。潜水艦の見学も、私なら、乗艦前はわくわくし、乗ってから一〇分くらいは生まれて初めて見るいろんな装置を興奮して眺め回して乗員を質問責めにしているだろう。でも、その後は、たぶん、退屈してしまうのではないだろうか。飽きた見学者が退屈しのぎに装置に触ったりしても、当の実験担当者は、なかなか把握できるものではない。うがった見方かもしれないが、今回の事故を引き起こした緊急浮上も、退屈してきた見学者サービスの一環だったのではないだろうか。潜水艦で一六人の市民見学、ということになると、不測の事態が起こった時の安全行動の誘導もそう簡単ではなさそうである。見学者が学校の一クラスとでもいうように、何かあった時に一丸となれるような面識関係の濃いグループならともかく、そうでなければ、潜水艦内のような特異な空間で一六人の一般人を避難誘導させたりするには、それなりの準備と力量を必要とするだろう。しかし、このような役割を担う乗組員がいたという報道はないし、そもそも、潜水艦の本来の任務とその遂行に適した資質は、一般市民の見学の応対というような仕事とは、根本的に相性が良くないのではないだろうか。

日々、実験をやっている研究機関でも、実験の経験のない事務系の職員や、研究者でも非実験系であったり、出世して実験から遠ざかったりしていると、そんなことまでは気が回りにくいものである。多少とも危険をともなう実験の公開にあたっては、現場の担当者は、声を大にしなければ安全確保はままならないものだが、今回の事故発生当初、当事者からの事情聴取も進まないうちから、米海軍当局は、市民を乗艦させたことと事故とは無関係と発言し、日本政府や報道も、一度は、その発言を真《ま》に受けてしまったふしがある。そんな説明がまかり通るのは、説明する当局も聞いている方も、高度に技術的な施設・装置の現場に立ち会ったことがない人たちばかりだからではないだろうか。

考えてみれば、本来、軍事行動における隠密的主役で、軍の最高機密であるはずの原潜に一般市民が多数乗艦して緊急浮上をするなどということは最近まで、当の米軍でも考えられもしなかっただろう。市民の乗艦でどのような危険が生ずるのか、そのような軍の現場で検討されたのか疑問だし、トップダウンの軍隊組織で、現場の声がどこまで市民公開の方法に反映されたかも疑わしい。

冷戦の終結と、社会の仕組みの透明化への要求とを背景に、今後は、原潜に限らず、これまでは限られた専門家だけの世界だったものが次々と、一般市民の目に曝されていくだろう。結構なことだが、この手の公開は興味本位のショーと紙一重だし、そういう世界は、経験のない人たちが直接関わると危ない、ということを踏まえて公開の方法が考えられる、ということでなければ、今回の悲劇は、姿を変えてまた繰り返されそうである。

報道が引き起こす「災害」

一九九九年二月一日、テレビ朝日のニュース番組「ニュースステーション」が、「埼玉県所沢市の野菜から高濃度のダイオキシンが検出された」と報道したのをきっかけに、所沢市から出荷された農産物の価格が半値以下まで急落して、農家が大きな打撃を受けるという事件が起こった。

所沢市周辺では、関越自動車道所沢インターチェンジ付近と市の北側に隣接する狭山市、川越市にまたがるくぬぎ山周辺に一九九一年頃から産業廃棄物の焼却炉が、規制も事実上されないまま次々に建設され、一九九八年には埼玉県全体の産廃焼却炉の約二割にあたる六〇施設が集中するまでになっていた。くぬぎ山周辺は農地も多いため、汚染の影響は早くから問題視され、一九九七年には、JAでも野菜のダイオキシン濃度を調査していたが、公表されないままで、かえって市民や農家の不安をあおる結果となっていた。埼玉県の調べでは、九八年に埼玉県に流入した産業廃棄物の約七〇%は東京都で発生したもので、東京都区部に近接する所沢周辺ではその割合はさらに高いと推定されていた。

二月一日のこの報道は、テレビ局が自主的に野菜のダイオキシン濃度を調査して、政府や市当局の対応を促そうという趣旨だったとされている。しかし、健康に重大な影響を与えるレベルのダイオキシン濃度が検出されたと番組で報道されたのは、実際には煎茶であったのに、報道では、葉物野菜と称されて、当時、出荷の中心であったホウレンソウを思い起こさせたり、報道の指摘の内容が野菜の有害性に傾いていて、ダイオキシン汚染自体に関しては一方的な被害者であるはずの農家を攻撃する内容になっていた。

この報道の影響で、近県のスーパーなどが所沢産の野菜の扱いを停止するなどしたのに驚いた農家は、報道から一週間後、テレビ局への抗議と産廃焼却炉の使用中止の陳情を始め、ＪＡ所沢も調査した野菜のダイオキシン濃度を公表して、報道された値より桁違《けたちが》いに低いことを根拠に安全性をアピールしようとしたが、ＪＡの調査結果は、検体の条件が不明確だったことが不信を招き、一方、報道で公表された数値が野菜ではなく煎茶のものであることも明るみに出て、事態は、新聞・雑誌、テレビ・ラジオの報道合戦のようになってさらに泥沼化してしまった。

その後、同年九月には、ＪＡ所沢の組合員農家三七六人が賠償と謝罪放送を求めてテレビ朝日などを訴えていたが、第三者の専門家の調査で、同地産の白菜からも報道されたのと同程度のダイオキシン濃度が検出されたことなどを理由に、二〇〇一年五月、さいたま地方裁判所は原告の請求を棄却する判決を言い渡す。一方、報道をめぐるこの事件は、産業廃棄物処理をめぐるそれまでの行政の無策を浮き彫りにした。事件後、国レベルでは、二〇〇〇年にダイオキシン対策特別措置法が施行され、所沢市は産廃焼却炉の新設の規制を開始し、撤去には補助金まで出した結果、二〇〇一年四月には、その数は九八年時の四分の一の一五施設まで低下した。

本稿執筆時点では高等裁判所も地裁判決を支持しているが、このように、地裁判決ではダイオキシン汚染の被害者である農家が、受けた損害の回復の道を絶たれていること、そして訴えられた番組の内容には問題があるにしても、農産物汚染自体は報道に近い内容で現実に起こっていたと考えられることをめぐって、この事件は、規制が確立していなかったり加害者が特定できない汚染などの報道のあり方と、このような被害への対策と損害の緩和の方法の二通りについて、課題を提起したことになる。

この二つの問題は本質的にはより大きな問題の表裏の二面というべきであるが、報道のあり方から考えてみよう。

この事件で、番組放映後に報道の内容が問題視されていた時には、汚染が検出されたとする対象に誤りがあったことが具体的な論点となっていたきらいがあった。しかし、報道が社会的影響を及ぼしたのは、むしろ、問題となっているダイオキシンがどこで発生し、また発生源である産業廃棄物は一体どこから運ばれてきて、それを許している社会と行政の機構は一体どのようなものであったのかについてはほとんど何も言及しないまま、その被害者である農家を叩《たた》く内容になっていた点である。

このように、災害や事故、環境汚染などの報道によって、その原因や加害者ではなく、被害者が追い打ちをかけられる、という事態は何も今回が初めてではない。たとえば、一九六八年に銀行の現金輸送車が警官を装った犯人に三億円を詐取されたいわゆる三億円事件では、事件の約一年後に、容疑をかけられた青年が、過去の微罪まで含めて新聞紙面を数面も割いて実名入りで大々的に報道されたあげくに無実が判明しているし、松本サリン事件（一九九四年）の被害者を犯人と見立ててプライバシーを暴いた事件などを筆頭に、事件ではむしろ被害者の立場の市民が声をあげられないまま、報道を通じて悪者にされてしまった事例は、記憶を辿ればいくらも思い起こされる。

災害や事故などがあると、報道機関は、その現場での取材や行動について相当な権利を許されたり、そういう立場でなかったらただ単に図々しいとしかいいようのない行動をとったりするものだが、そのようなことが許されているのは、根元的には、普通の人では片鱗も知りようがないが、明日は我が身が襲われるかもしれない災害や事故について、真実を白日のもとにしてくれると期待されるからであろう。この意味では、報道の存在意義は、信頼できる情報を入手するルートを自分ではもてない「情報弱者」という一般市民の存在と支持を抜きにしては考えにくい。

所沢で打撃を受けた農家は、食料生産者ということの社会的意味からみて多少の留保は必要であるにせよ、個々の農家のできることから考えて、このような「情報弱者」といって良い。だから、ダイオキシン汚染報道も、農家の打撃で終わってしまうのなら、報道自身の足元をみずから掘り崩すことになっていく。事件当時、報道はダイオキシン汚染に対する行政の取り組みを促進したのだから、この番組もあながち責められるものでもないという論調もあったが、それは、この番組自体に促されてというよりも、その後の泥沼化を背景にしてのことであったから、番組そのものの力とはいえない。

少し意地悪な見方をすれば、このようなニュース番組の視聴者の多くは、ダイオキシン汚染事件については、自分たち自身の生活がその排出に関与している可能性が高い産業廃棄物の行方よりも、自分の口に入ってくるかもしれない農産物の有害性の方に、興味が直結している。それは、番組制作者にも容易に予想できただろうが、番組のタイトルは「汚染地の苦悩　農作物は安全か」となっていて、タイトル前半の「汚染地の苦悩」は、問題の表面で終わらずに、その背景を探ろうという意欲を感じさせるのに対して、後半は、このような視聴者の即物的な興味に安易に訴えるような響きをもっている。

報道番組としては、そのような興味は身勝手であることを諌《いさ》めて、都市活動が排出している廃棄物がめぐりめぐって有毒物となって自分の口に入ってくるという現実に視聴者の目を向けさせるよう試みていれば、仮に農作物の価格低下をもたらしたとしても、その後の展開は相当違ったものになったのではないだろうか。実際、所沢の産廃焼却炉数が減少したといっても、この事件をきっかけに産廃問題自体が、その本質的な解決に向けて前進をみせたわけではなく、同様な問題はほかでも起こっている可能性があるのに、この事件の再発を恐れてか、産廃問題の実態は、その後、報道のテーブルにはほとんど載らなくなってしまっている。問題がある可能性があるのに、複雑な問題に巻き込まれることをおそれて、報道からタブー視されるとすれば、それは報道が社会の木鐸《ぼくたく》として機能しなくなることを意味しており、その方が問題としては重大である。

善意の生産者、あるいは少なくとも悪意があったわけではない生産者が、こうした報道で受ける損害を救済するシステムの必要性は、「不透明な時代の生産者本人の自衛」として潜在的な需要があるという関心からだけでなく、報道などにより開かれた場で情報が提示されることを通じて、社会の透明度を高めるというより公共的な視点から、強調されるべきである。

この事件では、報道の内容と表現・組み立てに、以上にみたような明らかな不手際があったが、それならば、問題となった番組で、仮に、後で第三者の手で確認されたように、白菜のような、普通に、しかも多量に消費される野菜から高いダイオキシン濃度が検出されたことが最初から明るみに出されていたとしたら、その後の展開は一体どのようになったのだろうか。それを考えてみれば、このようなシステムの意義は、容易に理解できるのではないだろうか。この事件では、報道と行政が世論の批判に曝されたが、農業生産者側の組織であるＪＡの行動だって、消費者の口に入る食品を出荷する団体としては、いかにも頼りなかった。

この事件は、社会の主な関心とは少し違った視点からみると、農産物の安全性をチェックする確実なメカニズムが、生産から消費に至る過程のどこにも存在しないことを浮き彫りにしたはずなのだが、食品流通における安全管理の頼りなさは、その後、二〇〇一年九月に、日本では初めての狂牛病の感染事例が明らかになってから、廃棄焼却を余儀なくされた国産牛肉の補償を詐取するために輸入牛肉を偽装する事件が起こるまでの経過で、よりくっきりと国民の目に曝されてしまっている。狂牛病発覚後は、国産牛肉の価格が暴落するという事態も起こったが、この時には、狂牛病感染媒体となり得る飼料が規則に反して使われていた事例が多かったこともあって、酪農家に対してはさほど同情が向けられなかった。所沢の「事件」も、報道の内容がもっと正確であったならば、それと同じような展開となったのではないだろうか。しかし、狂牛病の時だって、真面目な酪農家は、何の落ち度もないのに突然大損害を出したのだから、天災に遭ったようなものである。

所沢ダイオキシン汚染報道事件が、裁判で原告敗訴となったのは、野菜類のダイオキシン汚染の程度が、結果的には報道の内容に近く、報道の内容が誤りとはいえないと判断されたことが大きく作用したわけだが、報道が、官庁や業界の情報を鵜呑《うの》みにせずに独自に実態を調査し、その結果を社会に直接アピールすること自体は、報道に期待される社会的役割からみて、奨励されこそすれ、非難されるようなことではない。それによって価格暴落などが起こったとしても、悪意や無責任な流言のようにモラルに反する行動を背景として起こるいわゆる「風評災害」とは異なり、そこには価格暴落が起こる合理的な理由がある。しかし、価格暴落で被害を受ける農家自身は、その原因である農産物の汚染そのものに対しては責任がないのだから、本来は被害者なのであり、真に追求されるべきなのは、汚染に至る仕組みやその構成員であったはずである。

この事件は、善意の人間が、自分でも気がつかない間に、社会に有害物を放出してしまうことがあり得ることを明るみに出したが、それだけでなく、現代では、社会を支える正当で合理的な仕組みが正常に機能することを通じて、回復のやり場のもっていきようがない被害を受ける可能性があることを示している。情報社会の新しいタイプの災害といえようが、従来型の災害に対して、保険をはじめとする損害緩和の仕組みが用意されているように、このような事態を救済する社会的な仕組みを整備する必要があるのではないだろうか。

事故や戦争が中継されている

二〇〇〇年八月、大西洋からスカンジナビア半島をまわって北極圏内に入ったバレンツ海で、ロシアの原子力潜水艦クルスク号が沈没して乗組員一一八人全員が死亡する事故が起こった。事故は、八月一二日に発生すると、近くで監視行動をとっていたノルウェー、イギリスなどの外国艦船にも直ちに感知されて、その日のうちに国際的に報道されたが、その九日後、艦内が全て浸水していて乗組員全員の生存の可能性がないことが確認されるという最悪の結末となった。

この事故は、原子力潜水艦の沈没ということの衝撃のほかに、事故現場の様子や事故発生後のロシア政府の対応までが国際報道された点で、事故史上、類例のない特異なものとなった。

事故発生後、刻々と報道された内容によれば、事故直後には乗組員の一部は生存していて、潜水艦内部から壁を叩いて内部の様子を知らせようとしていたのが、日を追うにしたがって次第に艦内からの反応が弱くなっていく。事故発生後は、イギリス、ノルウェーの救援協力の申し出もあったが、ロシア政府がこの申し出の受け入れを逡巡する間に事態は悪化の一途を辿って、結局、水深一〇〇メートルを超える海中に潜水して、沈没した潜水艦のハッチを最初に開けたのもロシア海軍ではなく、ノルウェーの協力部隊だったのだが、この事件からほぼ一〇年前まで半世紀近く続いた冷戦時代を思い返せば、この全世界に報道された事故をめぐる世界の視線と反応には、一〇年という時間を遙かに超える時代の違いを感じさせるものがあって感慨深い。

冷戦時代にも原潜の沈没事故などは度々あったわけだが、その経過がオンラインで報道されるなどということは、仮に技術的に可能だったとしても、あり得なかったに違いない。事故が報道されても、それはどこか、あまり正視したくはない原子力兵器にも時には起こり得るはた迷惑な現象というように受け止められたのではなかったろうか。原潜の、おそらくは有能で社会的使命感にも富んだ乗組員の一人一人の最期に国際社会が想いを馳せるなどということは起こり得なかったに違いないのである。クルスク号事故では、外国の救援協力の申し出を断っておきながら、有効な救援策を取らなかった政府や軍に憤った遺族が、大統領に詰め寄る場面も報道されているのだが、冷戦期には、米国の原潜事故ですら、そのようなことは起こらなかった。

冷戦期には、軍拡や軍縮の度に米ソの核兵器で人類を絶滅させられる回数がどう変わったかと当然のように語られていたのだったが、どんなことがいつ起こっても不思議ではないはずの現役の兵士の個人的な生死にこのような視線が及ぶようになったのは、一九九一年、イラクがクウェートに侵攻して始まった冷戦後最初の国際的大紛争・湾岸紛争で、米軍兵士の戦死が詳細に報告された頃からではないだろうか。二〇世紀最末期にバルカン半島に起こったコソボ紛争でも、ユーゴ軍に米軍兵士が捕縛されると、その氏名まで報道されてその処遇が国際的な関心を呼び、ユーゴ側は、捕虜を直ちに解放せざるを得なくなっている。クルスク号事故をめぐる動きは、同じ視線が、その後、ロシアでも当然化したことを物語っているように見える。

こうして、二一世紀への変わり目には、兵士の、一人一人名前をもった個人としての存在が、戦争や軍備という体制の存在の矛盾を浮かび上がらせるようになってきた、といいたいところだが、このような視線が、戦争や紛争で犠牲になるどのような人間に対してもはたらいているかといえば、いささか疑わしい。

たとえば、湾岸紛争で、米軍兵士の戦死や捕縛が個人名入りで報道される傍らで、バグダッドの空爆場面の映像が衛星中継で国際的に流された時、老人や子供の集まる避難所も攻撃されて多数の犠牲者を出したはずなのに、その解説は、あたかも蝟集《いしゅう》する害虫を叩きのめす場面を語っているかのようだったし、コソボ紛争末期には、学校や医療施設、児童の集団を乗せたバスまでが誤爆されて、数多くの子供が殺されているのに、どう弔《とむら》われたかもはっきりしない。こうしてハイテク兵器の犠牲となった市民に対して、衛星中継でネットワーク化された国際社会の大勢は、一人一人が名前をもった個人へ、という視線を向けていないではないか。

そこで感じざるを得ないのは、一人一人が名前をもった個人へという視線が力をもってきたといっても、それは国際的影響力の強い国や民族に対してしか向けられていないということの偽善の匂いもさることながら、このように、相手によって一人一人が名前をもった個人へ、という視線を向けたり向けなかったりすることを通じて、国際社会は、排他的な新たな民族主義に向けて足を踏み出していくのではないかという懸念である。

もともと、人間は、お互いに面識のある社会では、一人一人が名前をもった個人である。そのように認められる社会が拡大していけば、少なくとも、安心して生活できる可能性を高め、やむを得ず何らかの紛争が生じた場合でも理性的な解決に導く原動力となるだろう。コソボ紛争自体が民族紛争だったが、複合民族国家旧ユーゴスラヴィアにおける一九九〇年代の紛争のおぞましさを見るまでもなく、民族紛争の本質的な怖さは、敵対する民族を、一人一人が名前をもった個人の集まりとしてではなく、生存に必要な資源を争いあう共存不可能な別の生物種に対するような視線で見るようになることにあるわけである。

ところで、コソボ紛争で、捕縛された米軍兵士が短時間に解放されたのは報道の影響が絶大だったというように、このような視線を可能にする報道の存在自体が紛争の行方に大きな影響を及ぼすということになれば、人権への関心自体が、否応なく政治的に利用される。

湾岸戦争では、爆撃されたイラクの避難所で、死んだ子供の遺体を抱いて泣き叫ぶ婦人の様子が報道されたが、その婦人は実はイラク政府職員で、報道はいわばやらせであったことが露見するという事件があった。ジャーナリズムで厳しく批判された事件だが、女性や子供が集まる避難所が爆撃されて多数の死傷者を出したこと自体は事実だし、遺体となった子供がこの時、なぜ実の母親に抱かれていなかったかといえば、あるいは、母親も死傷していたか、その子供はすでに孤児になっていた――すなわち、事実は、演出された報道映像よりもっと悲惨だったかもしれないのだから、私はさほど非難する気にはなれない。しかし、イラク政府があえて、そのようなやらせを行ったとすれば、避難所の非戦闘員への攻撃の理不尽さが国際社会にアピールすることを認識して、映像の力を政治的に利用しようとしたわけである。一方、この時、米軍のミサイルがイラクの軍事施設に正確に着弾した様子も映像に映し出されて、茶の間を驚かせ、アメリカのハイテク兵器も評価を高めたといわれている。しかし、この時、それだけ命中率が高いのなら、なぜ、避難所の誤爆のようなことが起こるのか。本当は、ハイテク兵器の性能は、喧伝されるほどではないのではないか。そして、命中率が本当に高い兵器で避難所が攻撃されたのなら、故意や軍部の暴走を疑われたり、ミサイルの目標を決める以前に軍事施設について正確な情報をもっていなかったのではないかと疑われてもやむを得ない。コソボ紛争の時も、駐ユーゴ中国大使館が誤爆されたりしているではないか。米軍ハイテク兵器報道の裏にも、相当な胡散臭《うさんくさ》さが漂っている。

報道が政治にとりこまれて個人への視線が国際政治に利用されたと感じられたのは、クルスク号事故の後、二〇〇一年四月一日、中国南部近海で起こった米軍偵察機と中国空軍戦闘機の接触事故である。この事故は、米軍の偵察機と、警戒行動に出た中国空軍戦闘機が中国近海上空で接触し、中国軍機は墜落してパイロットが行方不明、米軍機は中破したまま飛び続けて、中国領内の海南島に着陸したというものである。

何しろ、前年末にはアメリカ国内で中国系研究者による軍事スパイ疑惑が発覚し、一月に発足したばかりの米ブッシュ政権は、その前のクリントン政権と違って対中強硬姿勢を前面に押し出していた、というさなかの出来事である。この事故をめぐっては、米軍の偵察機乗員が返還されるまで米中政府間の息詰まる応酬が報道されて、日頃、外交にはなかなか興味をもてない私のような人間にも、国際的な軍事的接触という事件の厳しさがよく伝わってきた。当の米軍機は、中国領内に着陸していたので、事後処理の当面の課題は、米側からみれば、第一に乗員、第二に機体の返還、中国側からみれば、この事件を、米軍に偵察行動の抑制を求めるカードにすることがメインテーマだったであろう。この中国側の思惑を認めれば、米軍は将来の情報収集活動に禍根を残すから、事故後の当初、中国側が、領空侵犯や事故の責任の所在を中心に米側を非難したのに対し、米側は公海上空の事件で接触の責任も中国機側にあったとして主張が平行線を辿っていたのは自然な成り行きではあった。

米中の応酬をウォッチしていて雰囲気が変わったのは、中国側が、行方不明になった戦闘機のパイロットの夫人を新聞やテレビに登場させて、米側にやや情緒混じりの批判を行ったあたりからだろうか。こういうことをすると、中国国内で反米的な感情をあおってしまいかねない一方で、主権侵害を問題視する中国政府の焦点を甘くしてしまうことになる。報道管理が行き届いたはずの中国でこういうことが起こるのは、個人の尊厳が中国でも広く認知されたからというよりも、政府に何か思惑があってのことだろうが、これは、一体どういうことかなと思っていると、米国務長官は、直ちに死亡が確実視されていた中国軍機パイロットの夫人に哀悼の意を表し、大統領も夫人に書簡を送ると言明して、さらに日ならずして米軍機乗員の返還が実現している。

考えてみれば、米側の課題のうち、乗員返還は、中国側でも、対応を誤れば人権侵害として国際的な批判を招きかねない問題である。その夏に決まることになっていた二〇〇八年オリンピック開催都市に北京が名乗りをあげ、さらにＷＴＯ加盟も予定されていて、国際社会への進出を急務としていた中国にとって、そのような批判を招くことがあれば、この政策の実行にも決定的なダメージを及ぼしかねない。米側だって中国が国際的に孤立するようなことは利益に反する。中国政府としては、米軍機乗員を返還しても国内の面子《めんつ》を失わない環境さえ整えば、早く返還してしまいたかっただろう。中国側からみれば、乗員を返還してもまだ米軍機の機体は残っており、今回の事件に関する米側へのカードを使い切るわけでもなかった。

乗員返還後は、パイロットの消息も遺族の感情もぷっつりと報道メディアから消えてしまったが、それは、中国側がパイロットの夫人を登場させたのは、偶然でも人権的主張からでもなく、迅速に解決しなければならない乗員返還の中国側の環境づくりの一環だったからではないだろうか。コソボ紛争の時も、ユーゴ軍に捕縛された米軍兵士が日ならずして解放されたが、その時、NATO軍側には誤爆を含めて多くの過誤があったのに、ユーゴ側は、米軍兵士の解放にあたって、世界に向けては何のメッセージを発することもできなかった。それに対して、この事件では、中国政府が、国際的に悪いイメージが染みついている人権政策について、ある程度の得点をあげることができている。コソボ紛争も研究した末の政治行動だったのだろうか。

こうして、乗員が返還されると、米中間は、再び、機体の返還要求と偵察行動停止要求の平行線に戻ってしまうが、それも自然といえば自然だ。しかし、米側が偵察行動停止を呑むはずはないから、米軍偵察機は、中国軍がその機能を調べ尽し、国内でほとぼりが冷めた頃にでも、米中間で何らかの関係改善があった時にその象徴として米側に返還されたりするのだろうか。そう思っていたら、事件から三ヶ月後には、機体の返還をめぐって、米側は返還に必要な費用は中国政府に支払う用意があるが、請求額が高すぎるといっているという報道が、新聞の片隅に載っている。中国は、機体を調べ尽したのだろうか。ずっと昔、ソ連の空軍兵が、当時最新鋭だったミグ25戦闘機で日本の自衛隊基地に着陸して亡命する事件が起きた時は、ソ連政府は直ちに返還を要求したが、日本は米軍も参加のうえ機体を調べ尽した後、報道によれば、解体した状態で、第三国経由で返還されたらしい。同じことをされても米軍は文句をいえないわけである。

ただ、こう見てくると、個人の力の全く及ばない軍事行動と国際政治の中で、かけがえのない家族を突然失ったうえ、わけのわからない報道に登場させられて追い打ちをかけられた中国軍機パイロットの夫人は、いかにも狂言回しに使われたようで哀れである。そもそも、パイロットは、墜落する機体からパラシュートで脱出したと証言されている。一緒に飛んでいた僚機もいたわけだし、当の戦闘機は海上を警戒していたのだから、事故等で脱出した場合、海面に降下する可能性があることは安全対策上、織り込み済みだっただろう。中国側の主張のように中国領海岸付近の事故であったならば、これだけの事故で遺留物すら見つからないという事態は、なおさら理解が難しい。そこには、事故の政治的処理には慎重を期しても……というより慎重を期すからこそ、事故そのものを原因解明する気などなく、ひとまず水に流してしまいたい中国政府の気分も読みとることができよう。

中国政府は、パイロットを英雄として遇し、夫人には、その遺族にふさわしい生活を将来も保証すると言明したそうである。そして、事件から数ヶ月後には、パイロットの記念像が建てられたことも報道されている。謎めいた軍事衝突で非業の死を遂げた無名軍人のモニュメント……そのようなものは、昔の日本にもあったではないか。

事件に納得しないナショナリストをガス抜きして、それ以上の真相解明を抑止し、しかし、将来、同じような事件が起これば、その記憶を呼び起こして手短に世論操作にも使える装置としての記念像。遺族から見れば、それは、事件までは平凡で自分のリズムで生活できたのが、英雄の未亡人や遺児というステロタイプの人生を期待される公人として、顔の見えない大衆社会に放り出されることを意味している。米中ともに人権を声高に叫びながら、一人一人が名前をもった個人へ、という視線は、行方不明となった中国軍機パイロットにも、また、突然、未知の人生に踏み込まざるを得なくなったその夫人にも向けられているとは思えないのである。

二〇世紀と二一世紀の境目としての九・一一

私の二〇〇一年九月一一日

二〇〇一年九月一一日、私は、夜まで大学の研究室に残って、その一〇日前に起こった新宿歌舞伎町の雑居ビル火災で、一体どのようなことが起こっていたのか、考えられるいろいろな可能性を検討していた。一つのビルの火災としては東京でも史上最大の四四人の犠牲者を出したこの事件については、現場の状況を知っていて生還できた人がほとんどなく、特に、四階では飲食店にいた客・従業員二八人全員が死亡したというのに、遺体の状況には、一見、避難しようとした跡も認められないなど、不可解な点が少なくなかったからである。研究室では、ほかにも大学院生が何人か、計算や勉強に取り組んでいたが、そのうち、パソコンに向かっていた一人が、突然、飛行機がニューヨークの世界貿易センターに衝突して、その映像が流れているらしい、といいながら、半信半疑の様子で研究室のテレビをつけている。間もなく午後一〇時、ニューヨークでは夏時間で同日の午前九時少し前のことである。

テレビ画面を見て驚いている彼に呼び込まれて画面を眺めると、晴れ渡ったニューヨークの空を背景に屹立《きつりつ》する二棟の世界貿易センターの片方の最上部からはすでに大量の煙がたなびいていて、現地中継にあたっている記者が、その一〇分余り前にジェット機が衝突したと伝えているのが何とか聞き取れる。

ニューヨーク最高の超高層に飛行機が衝突……といえば、第二次世界大戦も最末期の一九四五年七月、当時、ニューヨークのみならず世界で最も高い建物だったエンパイアステートビルに双発のB25爆撃機が衝突した事件が思い起こされる。それは、ニューヨーク空港に着陸しようと高度を下げていた爆撃機が、折からニューヨーク一帯に立ちこめはじめた濃霧で着陸不可能になり、近くのニューアーク空港に着陸を変更している間に起こった事故だった。目視によるマニュアル飛行で濃霧、そして突然の航路変更というようなことが重なって、そのような事故が起こり得るのは理解できないでもないが、画面に映る快晴のもとで、ジェット機が、いくらニューヨーク一の超高層といっても、機体の幅よりわずかに広い程度のビルに、一体どうして衝突する？ 頭の中は、新宿歌舞伎町の火事から切り替わらないまま、ぼんやり画面を眺めていると間もなく、煙があがるビルに隠れてわずかしか見えないもう一棟の途中に火の玉のようなものが、突然、炸裂している。間もなくプレイバックされた映像を見ると、建物右手から双発のジェット旅客機がほとんど真正面からぶつかってきている様子がはっきり映し出される。そうこうしているうちに、ナレーションは、地方出張中のブッシュ大統領の動静を伝えはじめ、画面は、首都ワシントンDCのホワイトハウス付近の風景に切り替わり、ペンタゴンも襲われてホワイトハウスから避難を始めたといい出すようになると、これは一体、本当に起こっている出来事なのか。ひょっとしたら、やりすぎのパニック・ドラマの導入部ではないのかと疑いが首をもたげてくる。午後一〇時ならそういう番組をやっても不思議はないし、そういえば、第二次世界大戦前のまだテレビがなかった頃、オーソン・ウェルズが、ニュースに似せたつくりで製作した火星人襲来のラジオドラマを予告なく流したのを聞いた市民が自動車で避難を始めて実際にパニックを起こしてしまったという事件もある。でも、ドラマの導入にしては長すぎるし、実際にブッシュ大統領の緊急会見場面や、ペンタゴンから煙が上がっている映像が出て、こういうドラマを超えることが実際に起こっているのだなと納得させられながらも、まだ違和感が残って仕方がないのは、こういう突発的な異常事態が、直ちにテレビのビデオカメラに収められて生中継されているという事実そのものに対してである。テレビ局のビデオカメラが、いつ、どこで大事件が起こっても写せるようにスタンバイしているみたいではないか。

そのうちにワシントンDC北西のペンシルバニア州でハイジャックされた旅客機が墜落したというニュースが挿入され、やがて、世界貿易センターは、二機目が衝突した南棟が、上から次々に下方に押しつぶされるように崩壊し、粉々になった建物の部材が、噴煙のように周りに広がっていく。

世界貿易センターは一九九三年にもテロで地下駐車場を爆破され、超高層ビルの階段などに煙が入ってほぼ全館で避難する事件があった。この事件は、世界貿易センタービルのように小都市にも比すべき人口を収容する建築物で爆発が起こった時の社会的影響や、超高層ビル全体からの避難を必要とするような火災が起こった時にどのような対応が可能かという視点からも建築や都市の専門家の関心を集めて、詳しい事後調査が行われ、日本からも調査団が派遣されている。その調査結果をまとめた報告書は、新宿歌舞伎町の火災の分析の参考にしようと、つい二、三日前に書棚から引っ張り出して通覧したばかりだった。報告書によると、この建物は、茶筒のように強い外壁に各階の床を載せ、外壁で風や荷重を支える構造になっている。これほどの高さの建物になると、構造設計は、たとえ地震の心配のある地域ですら、風の影響をどう扱うかで決まってしまうが、このような構造形式は、柱と梁を剛に接合する普通の高層建築の見慣れた構造に比べて、風による振動が各階に伝わるのを緩和できるなど、超高層に特有な問題の処理に知恵を巡らせた合理的な設計思想の産物と評価されている。かつてのエンパイアステートビルの爆撃機衝突事故なども念頭に置いて、設計当時、最大の旅客機だったボーイング七〇七が衝突しても致命的な被害は受けない設計になっていたともいわれている。しかし、一一〇階に及ぶ床は、柱から張り出した支承に載っかっているだけに近いから、予想を超える条件のもとでいったん、床が落ちはじめると、その下の階床は柱から外れてだるま落としのように次々に落ちていくのではないか、とも想像できる――むろん、それは、原理としてそういうことも考え得るという一種の思考実験であって、実際に起こってしまうまでは、誰も、まさか本当に起こるとは思ってもみなかったに違いないのではあるが。

世界貿易センター南棟が崩壊しはじめた時、いったん、〝第二の爆発〟とナレーションが入ったが、ナレーションが誤りであることは直感的にわかって、ああ、この建物はこういう壊れ方をするのかと妙に納得し、そうわかっても何もできないことに何か脱力感のようなものを感じて帰宅の途につくと、駅のプラットフォームも電車の中も、時刻にふさわしい疲れ切った空気が漂ういつもどおりの日常である。電車の中の液晶画面のニュースも、また乗客の会話も、この事件には触れていない。やっぱりさっきテレビで見たのは人工映像で、ホントに起こったわけではなかったのではないかという気分に揺り戻されながら自宅に着いて、テレビをつけてみると、世界貿易センターのもう一棟も倒壊して、すっかり景色が変わってしまったマンハッタンの突端が映し出され、そして、さっきの衝突場面が繰り返し流される。もう午前一時をまわって、あたりは暗くしんとしているのに、画面に映る廃墟の上は日も高い快晴であるのは、地球の裏側の出来事なのだから当然なのだが、どこか、自分のいる世界が夜の時に昼間になるパラレルな別世界が映し出されているような感覚である。

九・一一を読み解く

二〇〇一年九月一一日朝、四機のアメリカ民間旅客機が、相次いでハイジャックされ、うち二機がニューヨーク世界貿易センターの二棟の超高層ビルに激突し、一機が米国防総省の入るペンタゴンに衝突して、残る一機もワシントン特別地区から飛行機にとっては遠くないペンシルバニア州の山林に墜落した事件は、九月一一日以前と以後とで世界が違って見える、といわれたほどの衝撃を国際社会に与えた。

それは、表層的には、冷戦終結後、地球上唯一の超大国となったアメリカの軍事・経済の心臓部が白昼堂々とテロ攻撃され、しかも、その最も衝撃的な場面の映像が世界中にオンラインで中継されて誰の目にも焼きついて離れなくなってしまったからだが、この事件は、実行者の意図はともかく、結果として、もっと多様で深い意味をもつ事件になっている。

ペンタゴンがアメリカの軍事的威信の象徴であることはいうに及ばず、世界貿易センターも、高級事務所としてはマンハッタン全体の総床面積の約一割を占める経済機能の枢要を担っている。しかも、マンハッタンから大西洋を臨《のぞ》む突端に優美に聳えるその景観は、ヨーロッパを遙かに望んで世界都市としてのニューヨークの歴史と現在を象徴するし、大西洋側から世界貿易センターを望む手前には自由の女神と、かつて大西洋を越えてアメリカに入港する時の入国検査所が置かれていたステーテン島がある。その景観は、かつてヨーロッパからの移民がアメリカに到着したと実感する場面を思い起こさせながら、第二次世界大戦後、世界があこがれてきたアメリカの開放性と豊かさのわかりやすい大衆的シンボルとして、イメージされてきたといって良い。しかも、一九七三年に竣工した時は世界最高の超高層ビルであり、事件が起きた時もニューヨーク一の高さを誇っていたこの建築は、二〇世紀の科学技術文明を象徴してもいる。超高層建築自体が産業革命後のアメリカのシンボルだったことを思えば、同時にアメリカの文明的象徴でもある。そして、衝突したジェット旅客機も、科学技術文明のシンボルであると同時に、アメリカが、大陸国家の生活と産業に不可欠なインフラとして生み出した、いかにもアメリカらしい産業のプロダクトである。すなわち、テロの道具にされたのも、その攻撃対象となったのも、アメリカの文化と現代の技術的文明の双方のシンボルだったわけである。さらに、世界貿易センターとその付近に居合わせた市民、ハイジャックされた飛行機の乗客・乗員、そして衝突後に救助に向かった消防隊や警察官の多く、あわせて数千人が巻き込まれて犠牲になっている。

つまり、世界貿易センター崩壊テロは、起こったのは一瞬だが、見方によって、次のような様々な顔を見せる極めて複雑な事件なのである。

①世界貿易センタービルという一国の文化のシンボル的存在が破壊された。
②現代の技術的文明の象徴である超高層建築があっけなく崩壊した。
③前触れのない無差別攻撃で膨大な数の市民が犠牲になった。
④アメリカの社会基盤である航空機なしには引き起こせない大事件である。

このそれぞれは、社会にとって違った意味をもち、それぞれが、大抵の人が知っている歴史的な大事件と比較できる性格をもっている。

たとえば、誇り高い一国の文化的シンボルの暴力的な破壊、といえば、二〇世紀初頭に帝国列強の王族や著名政治家が外国訪問中に暗殺される事件が、世界中で続いたことなどが思い浮かべられる。ハルビンで暗殺された伊藤博文のように、暗殺の対象となった政治家は、当時、自分自身の政治思想や政治勢力を率いて政治を牽引していたというよりも、元老として君臨していたような人物だったし、暗殺者はおしなべて、政治的に無力な集団や人物だった。王族を対象とした場合を含めて、これらの事件は、暗殺によって政治権力自体を崩壊させようというよりも、そのシンボルを破壊することによって、政治的発言をしようと試みたものと要約できる。第一次世界大戦のようにそれが戦争のきっかけになったこともあるが、一国の文化的シンボルの破壊が国民に引き起こす敵愾心《てきがいしん》が絶大であることは、その後、たとえば、アメリカ政府が、日本軍による真珠湾攻撃を、不可侵の米領土の抜き打ち的攻撃として演出して、ヨーロッパを含む第二次世界大戦へのアメリカの参戦に世論をまとめあげたり、第二次世界大戦末期に、戦後の日本との関係構築の必要性を意識して京都・奈良の文化財破壊を回避したこと、あるいはさらに戦後、天皇の戦争責任追及を避けたことなどに明らかなように、国際関係を左右する重大な手駒となっていった。九・一一は、当時、国際的に孤立を深めていたアフガニスタンに潜伏しているとみられたイスラム過激グループの仕業と米政府に断定されて、その後、このグループを支持していたアフガニスタンのタリバーン政権が米軍等に攻撃されて崩壊したが、この事件の少し前、タリバーン政権が、古代の代表的仏教遺産として国際的にも著名だったバーミヤン大石仏を、国際社会に予告のうえ破壊したのも、孤立して行き詰まった自国の状況に国際的な目を向けさせようとしていたという意味で、文化的シンボルの破壊の裏返しの効果を狙ったものと読みとれよう。ちなみに暗殺といえば、政治家の暗殺は、九・一一の舞台となったアメリカそのものがなかなか克服できない暗部でもある。

形を変えた暗殺事件としての九・一一

アメリカでは、現職大統領の暗殺だけでも、実行しながら失敗に終わったものを含めて、リンカーン（一八六五年）、ガーフィールド（一八八一年）、マッキンレー（一九〇一年）、ケネディ（一九六三年）、レーガン（重傷、一九八一年）と、一九世紀から二〇世紀初頭までとそれからほぼ正確に一世紀後にそれぞれ、断続的に続いている。アメリカは、もともと成立の背景が大きく異なる植民地が独立後に州となって、各々の州が結んだ緩やかな連邦という趣だった初期の国の性格が、その後の国家と州の関係をめぐる長い議論の後、南北戦争（一八六一～六五年）を契機として、工業化を進める北部寄りに意志統一した国家へと収斂《しゅうれん》していった。こうして、アメリカ全体は、一九世紀末にはヨーロッパ諸国を抜いて世界最大の工業生産国となって、にわかに、北部は弱肉強食に傾いた競争社会に突進し、南部や農業で成り立っていた地方は、南北戦争に敗れた敗北感を抱きしめながら、長い停滞に入る。アメリカ大統領の暗殺事件のうち、一九世紀から二〇世紀初頭までの暗殺は、南北戦争そのものの象徴的人物であるリンカーンの暗殺で幕を開けたことが暗示するように、こうした社会構造の激変がもたらした軋轢《あつれき》と亀裂の悲鳴といえなくもなかろう。

それに対して、二〇世紀後半のそれは、テレビを初めて大統領選挙の運動に大々的に活用した大統領であるケネディが、テレビ中継中のパレードで暗殺されたのに象徴されるように、主な関心が、政策の担い手としての大統領個人の抹殺というよりも、暗殺という行為が報道されることを通じて社会に及ぼす衝撃性や、暗殺の標的となった人物が象徴する文化への攻撃に向けられていたように見える。その点では、ケネディ以後の暗殺事件は、二〇世紀初期に旧大陸で続いた王族の暗殺に性格が近接してきた――というよりも、王族が支配する帝国が過去のものとなって大衆社会に置き換わり、アメリカが政治的にも文化的にも世界をリードする超大国となった第二次世界大戦後、アメリカ大統領そのものが、かつての王族に置き換わる文化的象徴性を帯びてきたといった方が良い。

アメリカで続いてきた大統領暗殺は、行政府の長という機能的存在として制度化されたはずの大統領が、南北戦争の頃から、否応なく、初期アメリカ時代とは比較にならないほど広範囲で強力な世俗的権力を担うと同時に、人工国家アメリカの文化を最もわかりやすく象徴する存在にもなってきたことの悲劇ともいえようが、世界貿易センターも、ニューヨークの経済と国際性の実質を担い、象徴もする存在である。こう見てくると、九・一一は、そのような存在の突発的な破壊という点で、映像として中継報道されたところまでを含めて、形を変えた大統領暗殺事件とも読みとられよう。九・一一を代理の暗殺事件と見立てた時、「暗殺」の標的が体現していたのは、先に述べた世界貿易センターのイメージ、すなわち、自由や経済、生活を便利にする生産物を通して世界全体に浸透しようとしているアメリカ、というイメージである。それは、当のアメリカや資本主義経済圏では、正当性を疑う余地のない明るいイメージとして受け止められてきたが、事件を引き起こしたと目されるテロ組織の中心人物が事件以前からアメリカを攻撃していたのは、それが、金や物質主義でイスラム社会を蹂躙《じゅうりん》する元凶であるというものであった。

事件後、アメリカに出張した時に書店をのぞいてみると、事件そのものではなく、世界貿易センターを追悼するような本が何種類も出版されて平積みになっている。マンハッタンの突端に世界貿易センターが企画された経緯から、設計のプロセス、竣工後の四半世紀余りの出来事、そして九・一一による崩壊と、世界貿易センターを悲劇的な最後を遂げた大統領に擬人化して、その伝記を読まされているようで、私の少年時代に起こったケネディ大統領やキング牧師の暗殺と、その犠牲者のその後の神格化を思い起こさせられる。これらの暗殺事件は、四〇年近く経過しても、歴史に属する事件として相対化されたとはいい難いが、それは、背後関係が十分解明されなかったからだけではなく、暗殺の攻撃目標になった思想や文化にそれなりの普遍性があって、暗殺で根絶やしになるなどということがなく、その後、暗殺の被害者は、そうした思想や文化に殉じた存在として、シンボルの位置を与えられるからであろう。九・一一は、アメリカ領土が直接、攻撃されて膨大な被害を出した稀な事件として真珠湾攻撃と比較されたりしたが、壊されたものの文化的含意は、世界貿易センターの方が真珠湾の海軍基地よりも遙かに普遍的である。それから考えて、事件がアメリカの文化に及ぼす影響は、九・一一の方が遙かに広く、長く続くに違いない。

技術文明の象徴の破壊としての九・一一

超高層ツインタワーという現代文明の象徴のあっけない崩壊といえば、タイタニック号の沈没や巨大飛行船ヒンデンブルグ号の着陸失敗爆発事故、スペースシャトル・チャレンジャー号の爆発事故、スリーマイル島原発やチェルノブイリ原発の事故なども思い浮かべられよう。それらはどれも、身近なスケールからどんどん離れていってしまう物質科学的ハードウェアと、それを運営していくべき人間や社会体制の限界との間のギャップのようなものを浮き彫りにし、どこか、技術の巨大化や抽象化のような傾向に対する疑いの気分を社会の中に醸し出してきた。

超高層ビルは、現代技術を象徴すると同時に二〇世紀のアメリカの都市文明の象徴である。一九一三年、世界で初めて高さが三〇〇メートルを超え、造形的にも摩天楼というにふさわしいウールワースビルが完成してから二〇世紀末にマレーシアのペトロナスタワーに高さ世界一を「奪われる」まで、高さ世界一の更新は、もっぱらアメリカ国内で競われてきた。高さがあまり違わないエンパイアステートビルとクライスラービルがほぼ同時に計画されたのは、アメリカがヨーロッパに代わる経済の中心地になろうとしていた一九二〇年代中頃だが、着工前には、クライスラービルが世界一になるはずだったのが、土壇場の建物頂部のデザインの変更で、完成時にはエンパイアステートビルの方が高くなるという泥仕合さえ演じられた。都市の中の大きな敷地を開発するのに、低層のだだっ広い建物にするよりも、高層化して、エレベーターの扉が開けば、事務所の向こうに都市の見晴らしが広がる窓が見える程度にした方が建築機能的に合理的であることは確かだが、世界一を競うほどの高さを求めるとなると、すでに機能的な合理性を超えている。世界一とか、見渡す限りの建物を全て見下ろしたいというような脅迫的な心情が働かなければ、それほどの超高層を建てようとは思わないだろう。

それなら、「世界一の超高層」というようなわかりやすい大衆的シンボルを造ろうとするのは、どんな場合だろうか。それは、たとえば、技術や経済の実力はついたのに、まだ世界第一級とは認められていない国や都市が、世界の既成の工業文化に伍していきたいと念願する時であろう。

ここで、同じように技術文明の象徴となるようなものの破壊の別の例として、原子力発電所事故に目を向けてみる。アメリカでは、一九七九年のスリーマイル島事故以後、原発開発が止まってしまったが、それは、事故のショックと事故の影響が想像以上に広く大きかったからではあったが、それまでくすぶっていた原子力に対する種々の疑問に社会が取り組みはじめるきっかけにもなった。それを超高層ビルに敷衍《ふえん》してみると、少なくとも高さや階数が世界一であることを競うような超高層ビルは、今後、アメリカで建てることはなくなるのではないだろうか。これまで、摩天楼はアメリカの都市を象徴してきはしたが、アメリカ文化の基層の厚さは、もう「世界一のビル」など必要としない。実は、世界貿易センターが竣工した時も、またその翌々年にシカゴのシアーズタワーが高さを更新した時も、「高さ世界一」についてはどこか白けた反応しか世間に呼び起こさなかったし、シアーズタワーも、その後のシカゴでそんなに人気が屹立していたわけではなく、人間の個性を背の高さなどでは評価しないように、「世界一の高さ」も、建築物の特徴の一つに埋没していた。その後、世界貿易センターがアメリカの経済や国際性の象徴となり得たのも、高さそのものによるのではなく、もともとアメリカの経済拠点であり国際性を象徴し得るマンハッタンの突端というロケーションを、それまでの摩天楼とは異質な白い優美な箱という造形で、周りの建物も引き立て、誰の目にもイメージとして残るわかりやすいランドスケープにまとめあげることができたからであろう。

そういえば、世界貿易センターが竣工し、さらに高層のシアーズタワーがシカゴに立ち上がろうとしていた一九七四年、ハリウッドで、タワリング・インフェルノという映画が製作されている。世界一の超高層ビルのオープニング行事のさなかに大火災が起こって膨大な犠牲を出しながら、スティーブ・マックィーンが演じる消防隊長の英雄的な行動と機転で屋上の水槽を破壊し、滝のように流れ落ちる水で何とか鎮火するというストーリーだが、印象に残るのは、この叙事的で緊迫感に満ちたストーリーや火災の場面の迫力よりもむしろ、それに緯糸のようにからんでくる、老いてこのビルで再会するかつての恋人同士のパーソナル・ヒストリーである。映画の最後近く、当時、実年齢でも七〇歳を超えていた往年の名ダンサー、フレッド・アステア演じるその片方——詐欺師に身を落とし、資産家になった元の恋人を騙《だま》そうと、このビルにやってきたのだったが——が、火災で落命した相手が連れていた猫を最後に抱き上げ、煙をあげてくすぶり続ける摩天楼を見上げて立ちつくす場面は、作品全体の印象として、大災害の克服や主人公の英雄的行動を祝福するわけでもなければ、バベルの塔を思わせる超高層の廃墟に教訓めいたものを投影するわけでもない寂寥《せきりょう》感を観客に残して終わる。ここで、私たちが災害報道などをどういう視点で見聞きしているかを考え直してみると、大災害は誰の目も引いて、その映像に誰でも衝撃を受けるが、犠牲者に残された人々が直面するのは、大した罪のない日々を送ってきた人が、突然、人間が引き金を引いていながら、単純な過失や悪意だけでは引き起こしようがない異常な危険に巻き込まれ、個人の力では抗《あらが》えないまま、恐怖に苛《さいな》まれて犠牲になったという事実や、このような事故ではほとんどの場合、遺体すら回収も確認もできないまま、犠牲となった事実を受け入れなければならない、という事態である。それは、戦争による犠牲者や戦死者にも該当するから、このパーソナル・ヒストリーは、当時、終末期を迎えていたベトナム戦争におけるアメリカ人の経験と重ね合わされて、映画の表面的な主題を超えた共感と普遍性をかち得たのかもしれない。そして、それは、このテロで、無差別攻撃により膨大な数の市民が犠牲になった、という事実に対しても該当している。

無差別攻撃による大量の無辜《むこ》の市民の犠牲、といえば、数の大小はあるにせよ、第二次世界大戦期のゲルニカの爆撃や南京大虐殺、広島・長崎の原爆投下などが思いあたる。事件後、世界貿易センターのあった場所が、爆心地を表す「グラウンド・ゼロ」などと呼ばれ出したのも、この事件が、広島や長崎を思い起こさせたからだろうが、これらの事件が、戦争状態にある国家間の応酬の不幸な一齣という皮相な見方を超えて、無差別攻撃の残虐性や犠牲の大きさが実感をもって受け止められるとすれば、それは犠牲者数の多さのように事件の細部を全て捨象した後に残る抽象的な記録を通じてではなく、どのような人がどのような形で犠牲となり、それが残された人にどう受け止められたかまでを含む犠牲者のパーソナル・ヒストリーを通じてではないだろうか。

私の個人的な思い出につながることだが、この事件で多数の消防士が犠牲になったと聞いて即座に思い起こしたのは、その一五年前のチェルノブイリ原発事故で高レベル放射能に被曝した消防士の治療やその犠牲者の遺族の救済の国際的な支援活動を、ニューヨーク市とその近隣地域の消防士たちが立ち上げて、活動の中心的な役割を果たしていたことである。その頃、ニューヨーク市消防には、専門情報の交換を通して知り合った人物もいて、私のもとにも支援活動応援を要求する檄文《げきぶん》が届いた。当時は、末期とはいえ米ソ冷戦期だったので、アメリカの消防士がソ連の支援活動に乗り出したことは、本文を読むまではちょっと意外だったが、原発事故の直後、施設に進入すれば被曝することもわかっていながら、消火と取り残された人たちの救出をしなければ事態の収拾に向かえないといって、消防活動に果敢に取り組んだウクライナの消防士たちは、世界中の消防士の誇りだというものだった。私にとっては、今後年月が経過していって、この事件の政治的意味などが後退していった時、九・一一は、このような人たちの多くが勇敢に立ち向かって犠牲となった事件として思い起こされていくようになるのであろう。

社会基盤が凶器になる

この事件は、大陸国家アメリカにおける飛行機という一国の生活と社会の維持に必要不可欠なものとして整備されたインフラが凶器に使われたわけだが、事件の実行者とされるテロ組織も、かつて旧ソ連がアフガニスタンに侵攻して起こったアフガン紛争の時、ソ連に対抗するために米軍自身が支援し、養成した人物や集団が原型といわれている。テロ実行犯が飛行機の操縦技術を習得したのも、アメリカの飛行機操縦訓練校である。……というように、九・一一は、アメリカのために整備してきたシステムによって、アメリカ自身の安全の基盤が危機に瀕したという何重ものアイロニーに彩られている。

このようなアイロニーは、ソ連が崩壊した時、それまでソ連という国家の基盤であったソ連共産党自身による組織的なクーデターの試みが引き金になったことなどをも想起させる。いや、このようなアイロニーは、もう広く世界を覆っているのかもしれない。たとえば、古いところでは、第三世界で、不安定な統治基盤を補うために養成したはずの軍隊によって政権が倒される軍事クーデター。北側の工業先進国でも、生活を豊かにするエンジンであった生活財や資源の大量生産・大量消費の社会構造が、大気温暖化や膨大な廃棄物問題のような地球規模の環境問題を引き起こしてのっぴきならない状況に追いつめられつつある。地球環境問題は、当の工業先進国でも、まだ多くの人には実感がわくような形をとって現れているわけではなく、しかしその一方で、その背景となっている大量消費はこれから世界中に拡大していくに違いない。そうなると、これまで直線的に進められてきた大量生産路線のアイロニーの緩和が、これからの世界の重大な課題であることは疑いがなさそうである。そして、九・一一は、このようなアイロニーの緩和の方法が、まだ良く見えていないことを物語っているようにも映る。

以上をまとめると、九・一一は、単に被害が甚大なテロというのでは不足で、タイタニックや原発事故に匹敵する大事故、地下鉄サリン事件のような無差別テロ、大統領暗殺、軍隊の反乱が一度に起こったような事件だったといっても良い。このうち、テロの計画者が意識したのは、アメリカのシンボルである世界貿易センターやペンタゴンの破壊と、せいぜい大量殺戮だけであろう。彼らはたぶん、世界貿易センター全体が崩壊するとまでは考えておらず、また、飛行機を兵器に使ったのも、単純に、高速で燃料を大量に積んでいるという技術的な理由からで、アメリカ国内の、しかもアメリカを象徴するような産業資源を、当のアメリカを攻撃する兵器に使うことがどういう意味をもつかなど、考え及んではいなかったのではないだろうか。すなわち、九・一一は、おそらく、テロの計画者や実行者の意識的な意図以上に多様な性格をもつ事件で、それは、二〇世紀の世界やアメリカの暗部を映し出している。

腑《ふ》に落ちない政府と報道の事件対応

ところで、九・一一とその後のアメリカの政府や報道の行動には、いまひとつ腑に落ちないものがある。

たとえば、世界貿易センタービルの北棟が攻撃された後、南棟も攻撃されるおそれがあるとして避難させることができたのではないかという疑問。

最初に北棟に飛行機が衝突した時、南棟からは避難しないように世界貿易センターで館内放送したことが、事件後、バッシングを受けたことがあるが、それを問題にしているのではない。ビル管理者が、最初の衝突をテロであると認識したとすれば、次に襲われる可能性が高いのは、避難者が集中する低層部である。もともと、世界貿易センターのような超高層ビルでは、頂部よりも足許を攻撃される方が被害が大きくなることは、一九九三年の世界貿易センター地下駐車場爆破テロで知れ渡っていた。南棟も避難させれば、地上から攻撃された時の被害を大きくする危険を高めることになるし、南棟からの避難誘導にビル管理要員をさけば、北棟ですでに発生している負傷者の介護なども手薄になる。そもそも、北棟に起こっている事態だけで、ビル管理要員は対応に手一杯になっていただろう。ビル管理者は、もし南棟も同様に攻撃されるおそれが大きいことを知っていたならば、当然、北棟への衝突の時に南棟も避難させていただろう。ビル管理者が、最初の衝突で南棟から避難させなかったことへの批判は、安易な結果論に過ぎない。

南棟も飛行機が衝突する可能性があることを予測できたとすれば、それは犯行グループ以外には、アメリカの政府や軍の危機管理部門しかあり得ない。私の疑問は、世界貿易センターの管理者に対してではなく、政府や軍の危機管理部門に向けられているのである。

最初の衝突が事故などではあり得ないことは当日の天候等からみて明らかなだけでなく、複数の旅客機がすでにハイジャックされていたことや、ハイジャックされた旅客機がどう飛んでいたかは、政府や軍の危機管理部門に把握されていたはずである。だから、最初の衝突が起きた時には、ハイジャックも、それが目的のテロであるとわかったに違いない。その時、ニューヨークに向かっているハイジャック機がほかにもあれば、それが南棟を狙っている可能性があり、狙っているとすれば、どの程度の時間で衝突するかも予測できたのではないだろうか。ニューヨークやその付近には、世界貿易センター以外にも、テロの対象に狙われそうなモニュメントや施設もある。しかし、運動性能の低い旅客機では、市街地の中低層の普通の規模の建物やモニュメントは、狙っても衝突させられるようなものではないとすれば、もう一機がニューヨークに向かっていたとしたら、世界貿易センターのもう一棟が狙われる可能性が高い。もともと、世界貿易センターへの衝突をテロの絶対の目的にしていたのならば、一機目が失敗した場合に備えて、二機を向かわせていたのかもしれない。

最初の衝突後、マンハッタンの警察・消防は、直ちに現場に多数の警官・消防士を送り込んで警戒と消防活動にあたっている。南棟にも旅客機が衝突するとか、飛行機の衝突で建物全体が崩壊するというようなことが予想できなかった時点での判断としては、ビルの足許を固めるような対応行動をとったのは極めて合理的である。もし、南棟も攻撃される可能性があることが、世界貿易センターの管理者や警察・消防に連絡されていれば、対応の仕方も相当違って、南棟や警察・消防の犠牲者の数も遙かに少なくて済んだに違いない。政府の危機管理部門から、世界貿易センターに直接、すぐに連絡をとることはできなかったかもしれないが、ニューヨーク市の治安・消防部門に対してならば直ちに連絡できただろう。

事件後、世界貿易センターへの二回目の飛行機衝突が何度も何度も繰り返しテレビの画面に映し出されたり、テロが国際社会への悪意ある挑戦であるといいながら、事件の五ヶ月後に米国内で開かれた冬季五輪では、テロ現場で発見された傷だらけの星条旗が開会式の行進の場に広げられ、式に出席した大統領が、テロ行動やその支援の疑惑のある国を、五輪参加国まで名前をあげて非難するというように、アメリカのシンボルが侵されたことのアピールが過剰なことも尋常ではない。

報道の社会的役割は、メディアや事件の性質によって程度の違いはあっても、社会的に意味のある新しい事実を伝え、あるいは発掘して、それが何を意味するかを読者なりに理解・判断するための批評を提供する点にあろうが、事件後しばらく、衝突場面を繰り返すばかりというのでは、いたずらに恐怖心や憎悪を煽《あお》るだけで、視聴者の冷静な判断を呼び起こすことにならない。世界貿易センターに飛行機が衝突すると数分後にはその中継が始まる様子を、ビデオカメラがいつ、どこでもスタンバイしているようだといったが、これでは、この報道技術の革新は、報道本来の役割を支援しているというよりも、報道の中身を水増ししているだけで、報道は、体格は立派そうでも、技術に追いつけなくなっていることをさらけ出しているとしかいえないのではないか。

事件直後、九・一一はテロではなく戦争だという大統領声明もあった。しかし、戦争なら、相手の顔も組織もはっきりしているが、この事件では、その背後関係も、またテロ組織の所在も、はっきりわからないし、わかったとしても、分散していて、国家や軍隊に比べて的《まと》は漠然としている。そういうところで、このようなデモンストレーションをしても、煽られたナショナリズムや感情は、収斂すべき行き場を失って空回りするだけで、事件の真の解明やテロを撲滅しようとする国際的な連帯の形成に役立ったり、犠牲者の遺族を癒したりするものとは思えない。

政府のエキセントリックなデモンストレーションも、事件の事後対応に向けて市民の意識を結集しようとしているというよりは、大統領が顔を出しすぎていることを含めて、政府が事件に真剣に取り組んでいることを何とか世間にアピールしようとしているだけのように見えてしまう。あるいは、事件当時、地方にいた大統領が、直ちにはワシントンDCに戻らずに大統領専用機で隠密裡に移動していたこと（それ自体は当時の状況からみて合理的な判断といえようが）が、世間に腰抜けと受け取られたことに過剰反応したのだろうか。事件を引き起こしたテロ組織が潜伏していると見られたアフガニスタンに国際的な支援を受けて大軍を派遣しながら、テロリストの検挙そのものに成果をあげられなかったことを含めて、これでは、事件が、強大な軍事力に向けたテロとして効果をあげたことを浮き彫りにするだけではないのか。九・一一では飛行機操縦の訓練を受けたテロリストがハイジャックのうえ、乗客・乗員を巻き添えにして自爆したのだが、もともと、自爆テロを覚悟するような人物が、このようなエキセントリックなキャンペーンで心変わりするとも思えない。紛争中の民族間で、武力や政治力に圧倒的な差が生まれれば、自分を犠牲にしても民族に尽そうとする人物が増えないわけはない。テロ防止どころか、自爆テロの増加と民族紛争の泥沼化を呼び込みかねない愚策というほかはない。

九・一一に希望はないのか

九・一一以前と以後では世界が違って見えると、よくいわれている。確かに九・一一は、重層的な意味を含む事件ではあるが、こういう、全てをひとくくりにするような言い方も、どこか、不安や恐怖を放り出したままにしているような印象がするものである。不安を閉じこめていたパンドラの箱が開いてしまった現代につける薬は、本当に何もないのか。この事件の中で、多少の光明を感じさせるのは、世界貿易センターでの避難行動である。

世界貿易センターでの犠牲者数は、翌年四月段階で、二九〇〇前後と推定されている。阪神淡路大震災のほぼ半数に相当する膨大な数だが、崩壊したタワーの収容人口や衝突から崩壊までの時間の短さ、またビルの瞬時の崩壊という予想外の事態が起こったことなどを考えると、この犠牲者数は、驚くほど少ないという方が正しいのではないだろうか。

すなわち、旅客機の衝突で短時間に崩壊に至った二棟だけでも、総床面積は地下まで含めて約八四万平方メートル。高級な事務所建築だから、廊下等も含めた一〇平方メートルに一人いたとすると、二棟にはおおざっぱに見て、八万人強の人が働けるように設計されていたわけである。八万人といえば、ちょっとした都市の人口なみで、各階には三〇〇人程度は働けるようになっていただろう。犠牲者のうち三四三人は消防隊で、ほかにも屋外で落下物などで被災した犠牲者もいたことを考えると、超高層二棟にいて、犠牲になった人はほぼ二五〇〇人。、ほぼ八階分の人口に相当することになる。衝突が起こったのが午前九時前後で、営業時間前のオフィスも少なくなかっただろうと考えて、実際に建物にいたのが、仮にこの値の半分だったとしても、ビル内の犠牲者数は一六階分程度という計算になる。アメリカ政府の推測では、世界貿易センターの敷地全体で、事件当時、約五万八〇〇〇人がいたと推測されている。

二棟のタワーは、それぞれ地上一一〇階建てだったが、旅客機が衝突したのは、北棟は、九四階から九八階の間、南棟は七八階から八四階までの間だったから、犠牲者数が二〇階分の人口に満たないということは、衝突階より下では、ほぼ完全に避難できたということを意味している。事件当時、衝突階より下にいて犠牲になったのは、北棟で七二人、南棟で四人という調査報告もある。すなわち、犠牲者数全体は膨大だが、世界有数の高さの超高層ビルで、なおかつ予想できなかった全館崩壊が起こりながらも、避難そのものは、極めて冷静かつ機能的に行われたと想像できるのである。その一〇日前の新宿歌舞伎町火災では、ほとんど誰も避難できなかったのと対照的である。高層階から地上に避難できた人の中には、他の避難者が介護して避難階段を降りた七〇歳を越える足の弱い高齢者もいた。

これほど機能的に避難を行うことができた背景には、一九九三年の地下駐車場爆破テロを機会に、一般的な事務所ビルなどを遙かに超える災害対応対策が導入されていたことが大きく作用したと考えられている。すなわち、世界貿易センターでは、九三年以前は避難階段に非常用照明もなかったのが、照明・放送設備の整備を通じて避難階段などを避難しやすくしたり、車椅子使用者が避難できるように、避難階段を介助を受けながら避難できる特殊な椅子（エバックチェア＝避難椅子）を設置するなどの施設的改良が進められたのをはじめ、建物に入居するオフィスなどでも種々の状況を想定した防災・危機対応訓練が三ヶ月に一度、繰り返されていた。入居していた企業には、建物が機能停止した時に備えて、近隣地域で機能のバックアップを図れるようにしていたものも少なくなかった。

事故直後は、犠牲者数が六〇〇〇に及ぶと推定されていたのが、その後、生存者が把握されるにしたがって、行方不明者数が減少して、当初推定の半分以下になったわけだが、日常の防災的施策に裏付けられた冷静な対応行動がなければ、犠牲者数は実際より遙かに多く、社会や経済に及ぼす影響もさらに長期化したに違いない。二機の旅客機が次々に衝突するという想像を遙かに超える事態が起こった現場でも、ほとんどの人が冷静に行動できた点に、「すっかり変わって見えてきた」世界の一つの可能性と希望が潜んでいるのではないだろうか。

Ⅳ

災害弱者を考える

現代の災害には、地震・台風のような自然災害をはじめ、交通事故や火災、そして家庭内の転落・転倒等のいわゆる日常災害、交通や情報の途絶による社会・企業活動の中断など、様々なものがあるが、日常災害や火災などの犠牲者の大半が高齢者と幼児に集中しているのを背景に、災害で被災しやすい条件をもつ人という意味で、「災害弱者」という表現が広く使われている。

災害弱者といえば、こうした高齢者、幼児に、心身障害者を含めて理解されることが多いが、より根本に戻って、「災害の原因となるような異常な現象が起こった時、被災を免れる行動をとるのに必要な身体的条件や災害の認知・コミュニケーション・判断をする条件を満足しない人」と捉え直してみると、たとえば、言葉が理解できなかったり、安全に関する生活慣習の異なる社会で育った外国人も災害弱者に数えられるというように、災害に対する人間の弱点のあり方もなかなか多様であることがわかる。

さらに、調理中に出火して巻き込まれてしまうというように、発生自体に人間的要素が関わるような災害では、「災害の発生に関わった人」がそのまま被災者になることが多い。災害によっては「その原因となる現象を引き起こしやすい条件の人」も災害弱者になるわけである。ほかにも災害に弱点となる条件はいろいろ考えられるが、このように災害時に弱点となり得る人間の条件が多様であるということは、災害の性格が複雑化する一方で社会構造の変化と流動化が進み、ライフスタイルも多様化している現代では、知らず知らずのうちに、様々な災害弱者が生み出されてしまうことを意味している。そもそも、「高齢者」や「幼児」という状態は、平均寿命を生きた場合には、人生全体の二〇%以上を占めているのであり、人間一人にとって、それほど例外的な期間ではない。

災害弱者対策といえば、健常者には縁のない課題と思われがちだが、こうしてみると、災害弱者となる条件を補うための施策や知恵、用具の開発、建築計画手法の確立などは、むしろ、現代社会で営まれる生活の多様性を保証するという意味で、普遍的な価値をもつ課題であることがわかる。阪神淡路大震災では、通常の災害に対しては弱者に数えられない健常者も多数、犠牲となったうえ、生活の社会的基盤を崩された被災者が震災難民と呼ばれたりしたが、確かに、地震のように激しい自然現象が突然起これば、現状では、誰でも「災害弱者」になり得るわけである。この点でも、災害弱者という視点から防災対策を見直すことは、いわゆる災害弱者だけでなく、日常、災害弱者とは自覚していない人にとっての安全を検証することになるはずである。

一方で、現在、「災害弱者」のイメージの中心をなしている高齢者・身障者については、自由な社会生活を実現する手だての一つとして、建物・施設などのバリアフリー化が提唱され、制度的には、一九九〇年代にハートビル法や交通バリアフリー法などを生み出してきた。また、高齢化社会への傾斜の中で、介護老人保健施設のような高齢者の利用と生活を中心とする施設が各地で整備されはじめ、身障者福祉施設の建設も進められている。

ハートビル法を適用した建物はかなり増加し、特に、阪神淡路大震災は、ハートビル法制定直後に起こったこともあって、その復興にあたってはハートビル法に適合したバリアフリー建築の試みが多数、行われている。しかし、高齢者や身障者は、災害や事故でも健常者より遙かに被害を受けやすいのに、ハートビル法などの法令では、こうした災害弱者の防災安全までは規定していない。

それは、ハートビル法制定当時、設計手法や技術がほとんど整備されていなかった高齢者や身障者の防災対策を前面に押し出してしまうと、バリアフリー建築そのものが作られなくなってしまいかねないと予想されたからとされている。その事情は、日本でハートビル法が制定されるより早く、アメリカで身体障害者や高齢者の社会参加を保証する目的で、「障害者法」（ＡＤＡ法）が制定された時も同様で、防災規定はそこでも、法令から外されていた。しかし、バリアフリー化の常套手段となっている建築計画の考え方は、時として、防災や避難に使えない場合がある。

たとえば、車椅子では階段を上り下りできない。そこで、中高層の建物をバリアフリー化する時に、ほとんど必ず採用されるのは、エレベーターを車椅子が乗れる大きさにして、車椅子使用者などのアクセスを保証しようという考え方である。しかし、一方で、火事や地震の時は、エレベーターで避難するのは危険なので、階段で避難することになっている。ということは、車椅子でバリアフリーの施設に入ってきた人は、火事になっても避難できるかどうか、はなはだ疑わしい、ということになるわけである。ハートビル法適用のデパートなどでは、売り場やロビーのように利用客が通る部分はバリアフリー化されていても、商品の運搬や従業員専用で、ふだん客が入らないバック通路などはバリアフリー化されていないことが多い。しかし、火災時には、こうしたバック通路や、そのさらに奥にあるであろう階段も、一般利用客の避難経路になるものとして計画され、車椅子の人もそこを通って避難することになっているのである。

バリアフリー建築で火事などが起こった時、階段で避難できない人に対しては、施設の従業員や周りの健常者が手助けをすれば良い、と考えられるかもしれない。確かに、これまで、店舗などでは、火災の際、従業員が身障者や高齢者を介助するように防災マニュアルを作成したり防災訓練を行ってきた例は多い。しかし、来店する身障者の数が少ない場合はそれで良くても、避難に介助を必要とする利用者が増えてくれば、従業員では対応できなくなってしまう。

それでは、バリアフリー化した店舗にはどの程度の割合で、避難に介助を必要とする来店客があるのだろうか。店舗で避難に介助が必要な人、といった場合には、身体障害者だけをイメージしてしまいがちだが、実際には、高齢で車椅子や杖を使用している人や怪我で限られた期間、松葉杖等を使っている人、妊婦なども含まれる。神戸には、震災後、ハートビル法に準拠して復興したスーパーなどが多いといったが、一九九九年、神戸大大学院生の津村昭博さんは、神戸のハートビル法適用建物の管理者・利用者の実態を調査している。それによると、スーパー、ホームセンターなどでは、身体障害者・妊婦などのいわゆる顕在的災害弱者は、高齢でも健常な人を除いて来店客の一〇%以上に達したという。この「顕在的災害弱者」は、身体障害者とは範囲が違うが、この数値は、日本全体の身体障害者の人口比率約二・三%を遙かに上回っており、ハートビル法適用ということが災害弱者層の集客効果をあげていることを意味していようが、それならばなおさら、来店客に安心して買い物をしてもらえるようにしなければならないはずである。実際に車椅子の人とスーパーに一緒に行ってみると、車椅子に座ると視線が下がるので、立って歩く健常者なら容易に見える避難路などのサイン・表示が、商品やパーティションに遮られて見えない。それだけでなく、車椅子だと、店内の見通しが利きにくいうえに、店内ではエレベーターで移動するため、頭の中にできあがっている店内地図はエレベーター中心になっていて、階段中心にまとめられている避難路がどこにあるのか、わかりにくい。

バリアフリー建築で火事などが起こった時の身障者や車椅子使用者の安全を図る設計手法や既存建物の改修手法は、アメリカでADA法が導入された前後から研究され、現在では、そこそこに機能してくれそうな現実的な手法がいろいろ、公表されている。たとえば、避難階段で一階まで逃げるのは無理でも、各階から避難階段に入ったところに、車椅子が何台か待機できる程度のスペースを設けておくという方法。避難階段は、本来、建物で火災になっても、煙が侵入しないように計画されているから、避難階段の中まで避難できれば、ひとまず、安全になるわけである。建物管理者や消防隊が救助するにしても、避難階段に入れずにいる場合より格段に安全になる。階段室の中にこのようなスペースを設けられなくても、階段に入る手前に前室をつくって、その階で火災になっても煙が入らないように計画できれば、同じような効果がある。すでにアメリカの市や郡には、誰もが利用する可能性がある店舗などの新築建物に、このような対策を義務付けている例もある。九・一一で崩壊したニューヨークの世界貿易センタービルの階段には、さらに身障者用の避難椅子が設置されていて、それで救助された人もいた。

高層ビルなどになると、消防隊が来てもはしご車が届かないため、日本では、非常用エレベーターを設置して、消防隊が進入できるようにしている。非常用エレベーターは火災で停電になっても使えるようにバッテリーを積んでおり、その扉の前には、各階、排煙機能があり、火災時の火熱からも守られたロビーが設けられることになっているが、そのような空間は、自力では地上まで避難できない人が救助を待つスペースとしても利用できるはずである。意外に思われるかもしれないが、この非常用エレベーターのように火災時にも確実に使えるエレベーターは、アメリカでも法令では求めていない。自力で階段を避難できない人が多い場合、現実には消防隊が救助せざるを得ないことを考えれば、消防活動用に設置される非常用エレベーターは、もっと、災害弱者の安全対策に積極的に活用されても良いだろう。事実、病院などでは、もともと階段では避難できない患者を多く収容しているので、最近、新築される病院病棟では、非常用以外のエレベーターも、同じように火災時に使える性能にして、救助に利用できないかということも真剣に検討されている。

ハートビル法に闇雲に適合させようとした結果、かえって災害時の避難に支障が出る設計になってしまっているケースもある。

たとえば、階段は、日常的には高齢者などが利用しやすくなるように設計したいが、一方、火災などが起こった時には、大勢の避難者が集中する重要な避難経路になる。階段を高齢者などに使いやすくするには、階段の勾配を緩くするなど、建物の細部で、寸法や面積にゆとりをもたせることが必要になるが、建物一階当たりの高さは変わらないから、階段の勾配を緩くすると、必然的に階段の段数が増えて、一階分上下するための階段の全長が伸びる。階段が入る階段室を、その分、大きく設計してもらえば何の問題もないが、階段室全体の大きさは、勾配が緩くない従来型のものと変わっていなかったりするのである。そうなると、階段の全長はそのままで勾配だけ緩くするために、従来は広くとられていた階段途中の踊り場をなくしたり減らしたりして、周り階段状にしてしまうというような設計になる。こういう階段は、周り階段部分が歩きにくくなって、そこだけ階段を降りる速度が低下するため、避難の際、集団で降りてくる時には、上から押し寄せてくる避難者に押されて転倒したりして将棋倒しのようなことが起こりやすくなるので、避難階段としては、もともと適さないとされていた。

ハートビルになっても、階段室の大きさが変わっていないケースが多いのは、必ずしも、階段の面積を節約しようとするためばかりではない。階段室の中は人が上下に移動する以上、梁などは通せないので、梁の間隔を超える長さの階段室をつくるのは難しい。だから、階段の全長を延長するためには、梁の間隔から見直す必要があるのである。建築設計は、建築家という姿からイメージされるような仕事だけでなく、実際は、構造や設備など様々な専門に分業化されている。そこで、仕事を進めやすくするために、店舗なら、天井の高さや梁の間隔はこの程度、というように、構造も設備も階段も大体うまくおさまる寸法の基準を設定し、それを目安にして、設計が進んでいくものである。バリアフリー建築で生じがちな欠陥は、バリアフリー化にともなって寸法にもゆとりが必要になっているのに、建物全体の寸法の考え方が以前と変わっていないというところに原因があるわけである。だから、梁の間隔を少し大きくしたり、廊下幅などの基本寸法を、尺貫法に基づく九一センチから一メートルに置き換えて考えてみる、というようなちょっとした発想の転換をしてみると、そう難しくなく解決してしまうことも少なくない。

「ハートビルは避難する時もバリアフリーになっていないとおかしい」という話をすると、バリアフリー化するだけで大変なのに、さらに費用の嵩《かさ》む特別な対策をしろといっているように受け止められがちである。バリアフリーの推進者の中にも、バリアフリー化と防災が両立しないと信じ込んでいる人もいるのだが、ここにあげたような欠陥は、設計者がバリアフリー化を一生懸命工夫したら防災基準等と衝突してしまったというよりは、むしろ、設計の早い段階で意識されていれば、大した費用をかけずに解決できてしまったり、ただ単にハートビル法以前の慣習的な考え方から抜け出せていないままハートビル法に数字合わせしようとして、不都合を招いてしまったという性格のものである。建物の延べ床面積は、敷地面積に、指定された容積率をかけた値以下としなければならないので、バリアフリー化やその防災安全のためのスペースが増えると、有効に使える面積が減るという声もあるが、それが大きな問題なら、そのような避難スペースを床面積算定から除外するように制度を改正すれば解決できよう。

ハートビル法適用建物が普及して、その成果も現実も明らかになってきた今日、そろそろもう一回、バリアフリー化の初心に立ち返って、安全という要素をどう付加させていくかを考え直さなければならない時期にさしかかっているのではないだろうか。

災害弱者としての外国人

「災害弱者」といえば高齢者や身体障害者が直ちに思い浮かべられるだろう。確かに、地震や火災、さらに日常的な事故などの被災者に占める高齢者の割合は高いのだが、人間の一体どのような属性が、災害や事故の被災と結びつきやすいのかを、災害事例から分析してみると、外国人が災害や事故に遭う確率が、どうやら高齢者や身障者よりも大きいのではないかという予想外の推測が浮かび上がる。

現在、災害や事故については、実際に起こったほんの一部しか情報公開されていないが、新聞・雑誌その他で報道・報告されたケースについては、一九八五年以降のあらゆる種類の災害や事故が、災害情報センターのデータベースに登録されている。その件数は、二〇〇二年七月現在で約一三万件に達しているが、このデータベースによると、一九八八年から一九九七年の一〇年間に日本で外国人が遭遇したものとして報道等された事故・災害は二七九件にのぼる。これを、この期間中の登録外国人数累計で割ると、外国人が被災する災害・事故の発生率は〇・〇〇〇二三件／人年となる。すなわち、一年間に、約四万人に一人の外国人が、報道される程度の災害や事故に遭遇していることになるわけである。この値は、高齢者（〇・〇〇〇〇一一件／人年）、幼児（〇・〇〇〇〇一〇件／人年）、身障者（〇・〇〇〇〇八件／人年）が、年間一〇万人に一人前後でほぼ同様な数字となっているのに比べて遥かに大きく、私の研究室で卒論として取り組んだ古賀玄明君の分析によると、全盲者、妊婦等のように、身体的条件から災害弱者とみなされているどのカテゴリーと比べても、外国人の災害・事故発生率が突出するという。年に四万人に一人とか一〇万人に一人とかいうと、数が少ないように思われるかもしれないが、新聞や雑誌等に報道・報告される災害や事故は、実際に起こっている災害や事故の氷山の一角でしかない。身障者の実際の災害・事故発生率は、専門的な調査から推定すると、報道されないやや軽度のものも含めて上記の値より一桁大きいことを考えると、外国人の災害・事故発生率も、年間数千人に一人程度の割合には達すると考えるのが妥当であろう。

　むろん、日本に滞在する外国人には、短期滞在の旅行者も数多いし、不法滞在者もいて、登録外国人（たとえば調査期間中間の一九九三年では約一三二万人）を母集団として災害発生率を計算するのでは事故発生率を過大評価するという議論もあろう。しかし、登録対象とならない訪日外国人数は最近数年間、三三〇万から四〇〇万で推移して登録外国人数より多いものの、その平均滞在日数は九日前後だから、滞在期間と人数の積は年間八万から一〇万人にしかならず、不法滞在者も、強制退去対象となった不法就労者が年間四万から六万人で、実際の滞在者数はその数倍程度と考えると、明確に把握されている登録外国人数を母集団としても、母集団を著しく過小に評価することにはならないと思われる。

　それよりも、在日韓国人等の特別永住者は登録外国人の半数近くを占めるのに、災害情報センターデータベースのソースとなっている報道事例などでは、外国人としては意識的に報道されていない場合が多く、事実、拾い上げた二七九件全部を当たってみると、大半の被災者は特別永住者でないことが明らかである。もともと外国人を災害弱者の枠組で捉えるのは、安全に関わる生活習慣の異なる文化で育っていたり、いざという時のコミュニケーションが機能しにくいと想像されるからであるが、特別永住者のほとんどは、そのような枠組に該当していない。そうなると、安全観・言語の異質性で特徴づけられる災害弱者としての外国人の母集団数は、仮に短期旅行者や不法滞在者が無視されていることを考慮に入れても過大評価になっていて、災害・事故発生率も、上にあげた数値よりさらに大きくなるかもしれないわけである。外国人の多くは健常者だから、これまで、災害・事故発生率がこれほど高いとはあまり考えられてこなかったのではないだろうか。

ここで、外国人が災害に遭った時、どんな問題が起こるのか、アメリカの事例ではあるが、具体的なケースをあげてみよう。

一九八八年五月に、ロサンゼルスで、当時アメリカ西海岸最高であった超高層ビル、インターステート銀行ビルで五階分を全焼する火事が起こって、超高層ビルの火災を舞台にした映画タワリング・インフェルノが現実になったといわれたりした。

高層ビルの火災は、実は、この火事のちょっと前にブラジルで多発して、超高層一本丸焼けになるような火事も一度ならず起こっていた。日本ではそれらはあまり関心を引かなかったのに、アメリカで起こったこの火災が日本でとりわけ注意を引いたのは、高層ビルの計画技術は、日本もアメリカもそう大して違わないと考えられているためだろう。インターステート銀行ビル火災は、日本でも広く報道され、防災専門家にも強い関心を呼んで、政府・消防・建設業の防災専門家からなる調査団も派遣された。私も、その調査に派遣されたのだったが、最近、この火事の時、在館者やビル管理者がどのような動きをしたのか調べようと思って、この時に収集した資料を読み返してみると、火事の時の様子を証言している人の多くは、エストラダ、ロペス、ゴンザレス、サラビア……と、フィリピンの政変で罷免されたアクション俳優出身の大統領みたいな名前が連なる。場所はアメリカ西海岸なのだから、そこでこういう名字であるということは、主として中南米出身のいわゆるヒスパニック系住民であることを意味している。

火災が起こったのは夜一〇時過ぎ。銀行であるこのビルの利用者の大半は帰宅後の出来事で、その時、建物にいてひどい目にあった人のほとんどは、ビルの清掃、維持管理に携わっている人たちだった。地上六一階建てのこのビルで出火したのは一二階。一六階まで燃えて、煙はそれより上部のほぼ全部の階に侵入したのであるが、証言を読んでいくと、非常放送で一六階（シクスティーンス）以上は煙が来るから危険だといっているのを、五〇階にいたロペスさんが、六〇階(シクスティス)以上が危険だといっていると聞き間違えて避難しなかったため煙にまかれたとか、三〇階にいたモンテロッソさんは放送の内容がわからなくて煙を見てやっと火事とわかったなどとなっている。……というところから、彼らは、単にヒスパニック系であるというだけでなく、たぶん、スペイン語で育って英語を母語にはしていない人たちであるということが想像できる。

ロサンゼルスは、当時すでに市内至る所に、英語とあわせてスペイン語の案内や表示があって、メキシコや中米からの人口流入の激しさが実感できた。そして、英語力が乏しければ、文章や会話が不可欠な職業で食べていくのは難しいから、清掃など、英語による複雑なコミュニケーションを必要としない職種に就かざるを得なくなってくる。この火災でスペイン語系の名字の人たちが居合わせて被災した背景には、少なくともこれだけのことが存在すると考えられるのである。

以上のことは、実は、この火災の調査結果が日本で報告された時にも、外国人の避難上の問題点として指摘されていたが、バブル経済の坂を駆け登っていたその頃、日本は事情は違うと思われたのか、さほど注意を引かなかった。しかし、その後、日本における外国人生活者は増加の一途で、私の勤務する大学のキャンパスの近くには居住者の過半数が外国人という丁目もある。日本でも、これだけ外国人が増えている今日、建物の利用者だけでなく、避難誘導の側に立つべき店舗従業員のような人が、日本語をよく理解できなかったり、非常時のような条件で日本語によるコミュニケーションが円滑にできないという場合も少なくないのではないだろうか。災害時のコミュニケーションをどのように図るかは、何となく建物管理者の機転に任されてしまっているきらいがあるが、どのような言葉を選んで、どのように誘導すれば機能的で誤解が生じないかをあらかじめ検討しておくのでなければ、いざという時に役に立ってくれることはないだろう。

外国人が目立って事故や災害に遭いやすいと推測されるにもかかわらず、そのようなことがこれまであまり指摘されてこなかった背景には、実にいろいろな事情が見え隠れする。一口に外国人といっても、国籍は様々で、全体で一つにまとまるようなことのない集団としての性格の希薄さや、選挙権がないことにも原因がある行政の無関心など。二〇〇〇年に、私の研究室で調査したところでは、東京周辺で、外国人の防災に視野を巡らして具体的な施策を進めている自治体は、東京都港区くらいのもので、役所が外国語の防災情報などを用意している場合でも、外国人が滅多に訪ねることのない場所にひっそりと置かれていたりするのである。

このように日常的な災害や事故ですら外国人が目立って不利な立場に置かれているのだとすると、地震や台風、集中豪雨など、そのような激烈な自然現象をあまり経験しない文化圏の人たちが被災する時は、どんなことになるのか。国際化が進む日本社会の大きな盲点といわざるを得ない。

災害の再発防止！に死角はないか・その一
——関東大震災で煉瓦造に引導を渡したのは正解だったのか

関東大震災まで煉瓦造の建物は多かったが、当時の東京名所、浅草十二階をはじめ、多数の煉瓦造建築が倒壊したため、震災以後、日本では、煉瓦造はほとんど建てられなくなった。また、第二次世界大戦末期の空襲により、木造市街地のほとんどが壊滅したため、戦後は、木造建築の規模や条件が大きく制限され、鉄筋コンクリート造をはじめとする耐火建築が推奨されるようになった。

この冒頭の一段落を読んで、おかしいと首を傾げる読者はほとんどいないだろう。建築関係の啓蒙書や専門書にも、大体、このように書いてある。

確かに、関東大震災を契機として、煉瓦造建築が産業として維持できないほど激減したのは事実だし、戦後、「木造は火事に弱い」ことが社会常識になったことも事実といって良い。しかし、関東大震災で起こったことを見て、煉瓦造に引導を渡したことや、空襲で木造市街地が焼け野原になったからといって、戦後、鉄筋コンクリート建築なら火災に安全と無闇に信じてしまったことが正しかったか、あるいは煉瓦造を撲滅したり木造をあきらめなくても良い可能性がなかったかといえば、大いに疑わしい。

たとえば、関東大震災の後、住宅などの低層市街地建築のほとんどは、零細な木造で再建されたが、もし煉瓦造のように延焼防止性能の高い建物が占める割合がある程度高ければ、第二次世界大戦末期の東京大空襲で下町が壊滅し、一〇万もの犠牲者を出すことはなかっただろう。一方、戦後は、鉄筋コンクリート建築なら火事に強いと信じていたら、鉄筋コンクリート建築である大阪千日デパートや熊本大洋デパートでは、火災で一〇〇人を超える犠牲者を出すという、木造でもあまり例のない大惨事を引き起こしている。構造本体が火事に強いからといって、中にいる人まで自動的に安全になるわけではなかったのである。結果論といわれるかもしれないが、この二例だけをみても、煉瓦造を撲滅させてしまったり、鉄筋コンクリートを完全無欠のように思い込んでしまったことが合理的だったかどうか、疑われて然るべきなのである。

煉瓦造も木造も、見切りをつけられたのはその防災性能からとされている。私は、建築防災を専門にしていながら、ここでは、その建築防災の常識の第一歩にあえて異を唱えてみたい。まず、関東大震災で煉瓦造に引導が渡されたのが合理的な判断だったかについて。

煉瓦造は、日本では幕末に導入され、明治時代の大規模建築の多くは、欧米を模倣学習する目的もあって煉瓦造で造られた。明治初期、銀座の大火復興の際に煉瓦造が多用されて、銀座煉瓦地とよばれる洋風市街地が出現したのをはじめ、明治二六年、東京浅草に建てられて、長い間、東京のシンボルといわれた浅草十二階も、煉瓦造である。煉瓦造は、もともと、欧米の市街地建築で市街地防火を目的として普及していたが、日本でも、土壁を使った伝統的な防火建築工法である土蔵や塗屋に比べて、工期が短く、建設コストの低減も可能だったため、木造建築の独壇場であった低層建築の分野でも、工場、倉庫などを中心に大いに普及した。しかし、一方、明治二四年（一八九一年）の濃尾地震の際、被災地では多くの煉瓦造が倒壊して、地震がごく限られた地域でしか起こらない欧米の建設技術をそのまま取り入れたのでは、日本に適合しないことが認識されるようになった。このため、二〇世紀に入ってからは、耐震性を増すために、煉瓦造を鉄骨補強した独自の技術が開発され、大規模煉瓦造などに利用された。一九一四年に竣工した東京駅丸の内駅舎は、その代表的な建築物である。

関東大震災を契機に、煉瓦造がほとんど姿を消してしまったのは、震災で東京や横浜の煉瓦造建築の多くが被災したのに対して、鉄筋コンクリート造の被害は大したことがなかったり、無傷で残ったものが多かったからであるとされている。しかし、当時発表された煉瓦造と鉄筋コンクリート造の被害の比較を見ると、煉瓦造の被災事例の方は、耐震的工夫が導入される前に建設されたものがかなり含まれていたり、当時、煉瓦造と鉄筋コンクリート造とでは建設コストがかなり違っていて、震災直前には、比較的大規模な建築の市場のうち、煉瓦造はどちらかといえば低コスト建築を支えるようになっていたという事実を無視して、煉瓦造を断罪したりしている。当時、下町に聳え立っていた煉瓦造の陵雲閣、すなわち浅草十二階が倒壊して、煉瓦造のイメージを落としたともいわれるが、この建物も耐震が視野に入る前の建築であり、耐震性への疑問は、震災のずっと前から指摘されていた。

また、「耐震」という考え方が具体的に建築物の構造設計に形となって現れるのは、ほぼ一九一〇年代に入ってからだったが、それは、日本における鉄筋コンクリート建築の導入とほぼ同時であったのに対して、煉瓦造建築は、それまでにかなり建てられていた。だから、震災による建築の被害統計を見る時には、煉瓦造の母集団には「耐震」という概念が導入されていなかったり、未発達だった時期の建物が多く含まれていたのに対して、鉄筋コンクリート造の方は、ほとんどが耐震建築として設計されていることを見落としてはならない。煉瓦造の方が被災率が高くなるのは当然といえば当然だが、煉瓦造でも耐震設計が行われた東京駅などは、関東大震災では特記するような被害を受けていない。

鉄筋コンクリート造でも、震災の少し前に、アメリカの設計・施工技術をほぼ全面的に取り入れて、日本最大の事務所建築として東京駅前に完成した丸ビル（正式には丸の内ビルヂング。「○○ビル」という呼び名の嚆矢《こうし》でもある）は、設計途中から、日本側設計スタッフにより、地震への配慮の足りなさが指摘されていたのを意に介さずに工事に入っていたが、竣工直前に起こった浦賀水道地震（一九二二年四月二六日）で中破し、慌てて耐震壁の増設などの耐震補強を行っていた。当然のことだが、鉄筋コンクリートならどんなものでも、耐震的であったわけでもないのである。

それに、煉瓦造建物といわれるものの中には、煉瓦を積んだのは外壁や間仕切り壁だけで、床や小屋組は、木造というものが少なくない。それは、床まで煉瓦で支える構造にすると工事が難しくなって工費も膨らむからで、欧米の煉瓦造建築でも、普通に使われる工法だった。欧米で市街地建築の煉瓦造化が進められたのは、市街地火災防止を狙ったためであったが、市街地火災という都市全体を破壊してしまうような災害防止対策としては、外壁を不燃化し、内部で出火しても外壁自体は自立するようにして、建物から建物への延焼を防止するという外壁煉瓦・内部木造のこの工法で十分、機能したと考えられる。このような構造の建物には、地震後に建物内部で起こった火災や、火の海になった周辺市街地からの延焼で、その床や屋根が燃え落ちたものも少なくなかったが、震災の被災建物調査では、そのような事例が全壊扱いされて、地震で倒壊したものと混同されたりしている。それも、煉瓦造の評価をさらに低くしているのではないだろうか。

関東大震災の被災建物調査でも、建築家の岡田信一郎は、大正時代に完成した煉瓦造の官庁建築などには地震の被害が少ないものが多いことや、建築家としての自身の経験から、当時の先端的建築構造技術である鉄筋コンクリート造と成熟技術化していた煉瓦造とでは、施工体制が全く異なっていて、煉瓦造は価格競争などを背景に手抜き工事が横行していたことなどを指摘して、煉瓦造に被害が多かったのは、煉瓦造の本質を表すというよりは、施工・監理体制の問題であるといっている。そういえば、私の祖父は、戦前、東京で建築業を営み、岡田の仕事をしたこともあったらしいが、生前、私が高校生の頃、煉瓦工事は手抜きがしやすかったが、同じ煉瓦工事でも、鉄道や軍は、監理が厳しくて手抜きができなかったというような話をしていた。煉瓦造の構造的被害が建設業の施工・監理体制の不備や体質に由来するのなら、その改善によって耐震性を高めることができたわけだし、鉄筋コンクリートもやがて成熟技術化すれば、煉瓦造が直面したのと同じ問題を抱えるようになるはずであった。

それに、煉瓦では、高層建築の耐震化は無理だったとしても、低層なら耐震的にするのがそう難しかったとも思えない。現在でも、煉瓦造の伝統のある国でよく行われているように、中高層建築を鉄筋コンクリートの柱・梁で造って煉瓦造の壁を充塡するというような活用の仕方もあり得ただろう。当時、鉄筋コンクリートは材料生産、施工ともに足腰が不十分だったのだから、煉瓦を併用することで、鉄筋コンクリート建築自体の普及を早めることができたかもしれない。

震災前、煉瓦造は、日本の伝統的な防火工法である土蔵・塗屋が、工期の長さと人件費の高騰で敬遠されてきていたところに、それにかわる経済的な防火工法として普及していた。土蔵や塗屋は、せいぜい三階建ての低層で比較的小規模な建物に使われていたが、煉瓦造は、震災を契機にこのような小規模建築にすら使われなくなってしまったのである。

煉瓦造に関する岡田の見解は全くの正論だったが、結局、その後の煉瓦造の処遇には何ら影響を与えなかった。

岡田は、昭和時代の建築では初めて重要文化財に指定された明治生命館をはじめ、歌舞伎座などの設計作品で知られ、日本における様式建築の大成者というべき大建築家である。素朴に考えると、彼の見解がその後の動向に全く影響しなかったのは理解し難いところがあるが、震災で煉瓦造が叩かれていた中で、岡田が煉瓦造を擁護したのは、様式を排除した近代建築運動が興りつつあった当時、あえて様式建築の洗練や和風建築にこだわっていた彼の気質と通い合うものを感じさせるし、岡田の正論が煉瓦造の行方に影響を及ぼせなかったのも、彼の気質が醸し出す孤高性と無縁ではないのかもしれない。

煉瓦造にかわって、不燃耐震都市を担う新しい構造として称揚されたのは、いうまでもなく鉄筋コンクリート造である。震災復興の際、東京や横浜で鉄筋コンクリート造の小学校などの公共建築が整備され、その設計の質も極めて高かったことは、当時の鉄筋コンクリートへの期待の大きさとその取り組みの熱意を示すものだが、関東大震災当時は、鉄筋コンクリートが日本で建築に使われはじめてからまだ、一〇余年しかたっていなかった。その頃、鉄筋コンクリート造を推進していたのは、当時の建築学の代表的なイデオローグだった構造学者、佐野利器らであったが、鉄筋コンクリートは高嶺の花で、高級な建築以外には急速な普及が難しいこと、東京や横浜の復興を全面的に鉄筋コンクリート造で推進できるほど、その生産体制が整っていないことは、当の佐野すら認めていた。佐野は、東京などの人口集中が目立ってきた一九一〇年代後期にはすでに、防災的な市街地建築の短期大量生産という観点から、寸法を標準化し工場での部材生産を導入する標準化住宅の考え方や、鉄筋コンクリートを工場で標準サイズのパネルにして現場で組み立てる乾式鉄筋コンクリート造などのアイディアを披瀝《ひれき》していた。それらは世界にも先駆けた画期的な考え方で、第二次世界大戦後の日本の建築技術を先取りするものでもあったが、佐野自身が実践に向けて積極的に研究を進めた形跡はなく、佐野が理事を務めた復興局の指導のもとに進められた震災復興の時も、佐野が唱えていたような標準化住宅や乾式鉄筋コンクリート造は実現しなかった。

関東大震災当時、短期間に建設可能でそこそこに経済的な延焼防止工法は、煉瓦造以外にはほとんど普及していなかった。だから、震災後、煉瓦造建築が撲滅されてしまったことは、結果的に、東京や横浜の震災復興のみならず、全国の低層市街地の建物の防火性能を高める機会を見逃すことを意味していた。それはさらに、太平洋戦争末期の空襲で震災を上回る悲惨な被害を生み、戦前末期から戦後にかけて、全国で大火が繰り返される遠因を作り出してしまったことになるわけである。

この経過から、二つの教訓を引き出すことができる。

第一は、建築、特に住宅のように社会の成立に欠かせない建物については、既存の工法に部分的な欠点があったとしても、それに代わり得る別の工法を普及できる見通しがなければ、安易に否定などすべきではなく、既存の技術の枠組の中で欠点の克服を試みる必要があるということである。

実は、震災を境に、煉瓦造が法律でことさら厳しく規制されるようになったというわけではない。当時の建築法令は、現在と違って大都市にしか適用されなかったが、その市街地建築物法でも、低層なら、煉瓦造でも相変わらず建てることができるよう規定されていた。それを考えると、震災を境に煉瓦造が事実上、絶滅してしまったのは、法令に直接の原因があったとも思えない。あるいは、煉瓦造に震災の被害が集中したと喧伝されたことで、消費者離れが一度に進んでしまったという一種の風評災害だったのかもしれない。具体的にどんな経緯があって煉瓦造が撲滅されてしまったかは検証の必要があるが、煉瓦造撲滅後の低層市街地はむしろ煉瓦造建築よりも防災性能が低下したことを素直に見れば、少なくともそれは震災に対する過剰反応ではなかったかと思えてくるのである。

社会を揺るがすような災害が起こると防災法令が強化されたり新しい規制が導入されたりすること自体はそう不自然ではない。より近いところでは、阪神淡路大震災にも見られたとおりである。災害で莫大な被害が生じるのは、社会構造の変化等に対して防災的取り組みが十分でない場合が多いから、災害発生を機に法令や基準を見直すことは、災害の再発防止上、意義のあることではあるが、一方で、大災害の直後は、災害の印象に引きずられて、冷静な判断を下すのが難しくなってしまうのも事実である。大災害の被害の実態やその背景などは、災害史の研究対象となり得るものだが、災害に対してより知恵深くなるためには、災害の後に必ず生じる法令や基準の導入や改正が妥当であったかどうか、実際に採られた施策より良い方法はなかったかどうかを後で評価することも大切な課題だと思うのである。

教訓の第二は、震災復興のような場面は、原型はできているが、普及がなかなか進まない新しい建築技術を推し進める貴重な機会なのに、震災では十分、活かせなかったことである。

佐野が震災前に必要性を指摘していた乾式不燃構造建築は、日本では、佐野の学生であった市浦健が一九二〇年代最末期に細々と研究を始めたが、戦前は、少数のパイロットモデルを除いて実用化は果たせず、その路線の技術開発が開花するのは、第二次世界大戦後となってからのことである。しかし、民間では、関東大震災より前に、鉄筋コンクリート造の普及が難しいと考えられていた低層市街地建築の防火・耐震性能を高めるという趣旨で、鉄筋補強コンクリートブロック造などが開発され、一応の事業化も着手されていた。たとえば、函館では、関東大震災に先立つ一九二一年の大火の後、道路拡幅と、建築家・中村鎮が事業化した低層ブロック建築による路線防火の考え方に基づく都市防災計画を実行に移している。煉瓦造に比べて軽量化を図ることができたり、現場施工が簡素化されること、床板などの不燃化も容易なことが、これらの新工法の技術的な特徴とされ、第二次世界大戦後、一九五五年に創立された住宅公団など、より官に近いところで実用化が推し進められていく不燃構造の先駆と位置づけられて良いものであったが、その後、恐慌や、中村らの熱心な推進者の夭逝《ようせい》、事業の後継者の不在などによっていったん、途絶えてしまう。

こうした在野の民間技術が、その後、いったんは途絶えてしまった一方で、アカデミーによる量産不燃建築技術の研究がなかなか進まなかったことを見比べてみると、関東大震災の復興でも、当時、いろいろあったはずの萌芽的な民間防災技術の可能性は、もっと前向きに検討されるべきだったと思わないではいられない。焼き尽された市街地全部を相手にできるほどの建設能力がなかったとしても、路線防火など、市街地防災計画の節目となるような場面に起用することで、市街地防火上それなりの効果をあげることができたはずであり、それを機会に小規模不燃建築の市場が形成されれば、その後、順次、全国の主要市街地の大火対策を進めていく手がかりとなった可能性もあるからである。

今日から見ると、震災当時の東京の低層市街地を直ちに全面的に不燃化するのは、当時の建築生産の実状のもとでは、もともと不可能で、むしろ行うべきは、復興を契機に、日本の気候・社会的条件に適合するものとして当時、芽生えていた建築防災技術を育成したり、より組織的に開発する体制を整備し、防災的には不十分な状態で復興させざるを得なかった密集市街地の防災性能向上を促進・奨励する制度を整備していくことだったのではないだろうか。

災害の再発防止！　に死角はないか・その二
――「木造は火事に弱い」のは宿命か

「火事と喧嘩は江戸の華」といわれているが、記録によると、江戸時代二世紀半余りの間に江戸で起こった焼失面積約一ヘクタール以上の大火は一〇〇件を凌《しの》いでいる。また、第二次世界大戦末期には、わずか九ヶ月余りの間に、一都九九市一三町が空襲で壊滅的な被害を受けているが、そのほとんどは木造市街地である。戦後も、一九六〇年代半ばまでは、毎年のように数百戸も全焼する大火が繰り返されていた。

日本の都市で大火がこんなにも多いのは、家屋が木と紙でできていたからということになっているが、第二次世界大戦前、空襲対策を研究したり、空襲されるとどうなるかをデモンストレーションで示すために、実際の木造家屋を使って、全国で膨大な数の実物火災実験が行われた。それによると、木造家屋は、屋内で屑籠などが炎上する程度になってから、建物全体が炎上するのに九分足らず。東京をはじめとする大都市では、一一九番通報で消防車が火災現場に到着するのは、出火から八分後程度とされている。ということは、出火に気づいて初期消火に努めたが、手におえなくなって一一九番通報しても、消防車が現場到着する頃には建物が炎上して周りの建物に延焼しようかという段階になってしまっていることになるわけである。

こうした一連の実験を経て、木造家屋は、こんなに速くかつ激しく炎上するのではどうにもならないという考え方が常識として定着し、戦後の都市防災政策は、市街地に建てられる木造建築は、規模や階数を厳しく制限したうえで、近所の木造家屋が炎上しても火をもらわないように、建物外壁をモルタルで塗り固めたり、屋根を不燃化する対策を徹底させるようになったのである。この政策は、近代都市に見合った消防対策の高度化と相俟《あいま》って、結果として、高度経済成長の達成とともに大火がほとんど姿を消すところまで成果をあげたことはまぎれもない事実である。しかし、ちょっと理屈っぽ過ぎるかもしれないが、不燃化の推進によって、都市大火問題がほぼ解決されたからといって、木造建築の防火性能を向上させるすべが全くなかったということになるわけではない。

なぜ、こんなことをいうかというと、大火がほとんど起こらなくなった一九七〇年代に入って、日本では、北米の木造建築技術であるツーバイフォー工法の組織的な導入を開始しているが、一九七六年に、内外装を不燃性のボードで仕上げたツーバイフォーの戸建て住宅の実物大火災実験を行ったところ、最後には全焼したものの、外壁は、点火から一時間余り後まで自立しており、火災性状としては、むしろ鉄筋コンクリート造などに近いことが判明したからである。つまり、木造が火事になるとすぐに激しく炎上するのは宿命と思われてきたのに、ツーバイフォーだと簡単に防火性能を大幅改善することができる。ツーバイフォーは、木造といっても壁や床をパネル状にして組み立てる一種の壁構法だが、この火災実験以後、以前から日本にある柱と梁を組み合わせて建てるいわゆる軸組構法や木造プレハブでも、工夫次第では、同じように燃え方を抑制できることが明らかになってきた。一九九六年、延べ面積一〇〇坪の木造三階建て共同住宅に適当な防火設計をして建設し、阪神淡路大震災の時のような市街地火災がその隣で起きたらどうなるかを把握するという未曾有の実物実験を、建設省建築研究所（現・独立行政法人建築研究所）が実施したが、すぐ隣で高さ一〇メートルを超える火炎を噴きあげる火災から建物内に延焼するまでに二〇分近くかかったうえ、建物自体は、倒壊するまでに三時間耐えて、さらに風下に延焼するのは防ぐことができることを明らかにした。そういえば、現在、アメリカやカナダに行くと、四、五階建てくらいでも木造の建物が法令で許されて市街地の真ん中に平然と建っているのに、そういう市街地で大火になったり、そういう建物が全焼して周りの建物に延焼が起こったという例は聞かない。本書の別の項でも触れているが、大火の背景となるような乾燥した季節風は、北米西海岸などでも恐れられている。アメリカなどで四、五階建て木造建築が立ち並ぶ市街地で大火が起こらないのは、何も、気候条件が日本より良いからというわけではないのである。

何のことはない。木造でも、火事に強くすることは技術的に十分、可能なのに、戦後、ツーバイフォーがやってくるまでの約三〇年間、その研究開発はほとんど手がつけられなかったということなのである。

ここで考えてみたいのは、木造をどう防火的にするかという専門技術的な問題ではなく、戦後長らく、どうして、木造建築を火事に強くするための研究開発に目が向けられなかったかということである。当たり前のことだが、技術における研究は、現実に対して疑問を感じたり、このようなことを実現してみたいという取り組むべき問題の発見があって初めてスタートする。木造を火事に強くすることについては、研究が難しかったというよりも、研究のスタート自体がされなかったということのようなのである。

戦後、空襲による被災の応急的復興が一段落すると建築基準法が制定され、それとほぼ軌を一にして、当時頻発していた市街地大火の抑止対策としてのいわゆる都市不燃化運動が展開された。都市不燃化運動は、市街地の拠点的街路周辺の耐火建築ベルト化や、当時、多くの市街地・集落に見られた板葺き屋根の不燃化などに成果をあげ、一九五〇年代中期以後、盛んになる機械力の導入による消防力の近代化と手を携えて、一九六〇年代初期には大規模な市街地大火は激減するに至ったのは前述のとおり。

このように急速な不燃化運動の裏で、戦後、火災をめぐる国民的常識となったものの一つに「木造は火事に弱いから危ない」という考え方がある。その傾向は、木造建築で火災になって犠牲者が出たりすると、今日でも、火災調査も進まないうちから、「またも木造建築の火災で……」等と報道されたりすることに端的に現れているが、こうして、戦後、木造といえば、どこか、本建築ではない安物、というイメージで受け止められるまでになってしまった。木造密集市街地で出火して東京・横浜の中心部を焼失した関東大震災でも、このようなことがいわれて不思議はなかったが、震災では大火で木造市街地が壊滅し、膨大な数の犠牲者を出したにもかかわらず、その復興は事実上、防火的には震災前の土蔵・塗屋・煉瓦造に及ばない零細で小手先の防火対策しか施さない木造家屋などで達成されている。だから、その時点では、木造家屋が火災に弱いのはわかってはいるがやむを得ないという捉え方が支配的だったのであろう。第二次世界大戦後の都市不燃化運動のような取り組みは、関東大震災直後とは大きく性格が違っているのである。そして、都市不燃化は、木造建築のイメージの凋落《ちょうらく》と表裏一体の現象として進んだのであった。

木造は、日本では伝統的に最も馴染《なじ》まれてきた建築構法であったのが、こうして、戦後、にわかに国民レベルで不信の目で見られるようになった最大の背景は、何といっても、空襲の惨禍だったのではないだろうか。何しろ、戦争末期の一年足らずの間に日本の主要都市のほとんどが空襲で壊滅的な被害を受け、仙台、日立、福井、富山、和歌山、高松、徳島、福岡などの各地方の主要都市がたった一夜の焼夷弾爆撃でほとんど灰燼に帰してしまったのである。空襲ではさらに、名古屋城、和歌山城、岡山城等、各地の代表的な城郭や東京都内の浅草寺、増上寺、東照宮など、それまで大火や地震から守り抜かれてきた歴史的な記念的建造物を焼失してしまっている。文化庁によれば、空襲による国宝の被害は二九三件に及んだ（ただし、国宝の定義は現在と異なり、現在よりかなり数が多い）。

このような事実は、木造市街地の脆《もろ》さを国民の間に広く印象づけただけでなく、そのような都市や木造建築を基盤とする自国の文化に対する敗北感や徒労感のようなものを呼び起こしたであろう。こうした木造文化に関する敗北感は、さらに、戦後早い時期に、法隆寺金堂壁画や金閣寺のような日本文化を象徴する第一級の文化財をあっけなく焼失させる火災が続いたことによってさらに増幅されたに違いない。木造建築といえばすぐに火事に弱いと連想されるような国民的意識は、このような文化的感情に裏付けられなければ、容易には形成されなかったのではないだろうか。

戦後の不燃建築の普及が、傾向として火災損害の軽減に寄与したことに疑いはないが、こうして醸成された木造建築に対する不信感は、一方で、鉄筋コンクリート造などの耐火構造に対する無批判な信頼や、いったん木造建築の火災で大きな損害が生じた時、その原因を安易に木造であることと結びつけて、損害が生じるに至った深い背景を分析しないままにしてしまう傾向を生んでいったきらいがあることも否めない。

戦後、高度経済成長期までに起こった建物火災には、九九人の犠牲者を出した聖母の園養老院火災（一九五五年）をはじめ、多数の死者を出した木造建築火災が少なくないが、その多くは、多数の犠牲者を生ずるに至った経過を詳細に実証することなく、安易に木造建築であったことのせいにされてしまったり、火の不始末をしたり、火災の初期対応を誤った建物管理の現場担当者などに過度な責任が投影されたりしていた。また、一九六〇年代後期には、主として鉄筋コンクリート造系のホテルや旅館で、無秩序な増築や夜間の避難誘導体制の欠如を背景に、多数の犠牲者を出す火災が続くが、同様な経過で犠牲者を出す火災は、さほど死者数は多くはないにしろ、一九六〇年前後には、木造旅館ですでに発生しはじめていた。その背景には、団体レジャーの普及にともなうホテル・旅館の利用形態の大幅な変化があったが、そのことと、火災における煙の危険性を見据えた対策が具体的に検討されていれば、その後のホテル・旅館火災も、あるいは違った様相を示していたかもしれない。

火災で被害を大きくした原因を安易に木造や宿直等に押しつけてきた慣行は、同時に、このような耐火建築物でも起こり得る悲惨な火災を予防する芽を摘んでしまう結果にもなっていたわけである。関東大震災のような未曾有の都市災害ですら、都市防災的には中途半端な復興に終わってしまったことを考えると、戦後の木造不信のような強い感情がなければ、日本の市街地を抜本的に防火的にするのは不可能だったのかもしれないが、それは、同時に、このような副作用をともなうものでもあって、必ずしも合理的精神の産物だったとはいえないと考えられるのだ。

木造が火事に弱いというイメージが国民の間に定着してしまったのは、全国で空襲のようなことを経験すれば、避け難いことだったのかもしれない。しかし、研究者や実際に木造建築を建てている技術者ならば、木造は初期消火に失敗すると手が付けられなくなるから、せめて近所で火事になっても貰い火をしないように外壁を守って……などという考え方を離れて、木造そのものを火事に強くしてみようという発想をしてもよかったのではないか。

建築や火災の研究者、技術者、行政官が抱く木造建築の燃え方のイメージは、戦前の一連の木造家屋火災実験をもとに組み立てられたわけだが、これだけ沢山、実験されていれば、もうあらためて研究し直す余地はない、と考えられたとしても不思議はない。しかも、戦前の火災実験を担ったのは、日本の防火研究の創始者というべき内田祥三をはじめ、濱田稔、岸田日出刀、藤田金一郎、そして内田の子息で若手建築家としても将来を嘱望されていた内田祥文と、建築学では錚々《そうそう》たる顔ぶれであり、戦後、長い間、都市・建築防災の政策立案の中核でもあった。確かに、一九三四年に東大構内で行われた二回目の木造火災実験などは、実験計画の綿密さとデータの良さからいって、いわゆる在来軸組構法の家屋に関しては、これほど含意の深い火災実験はその後もないと評して誤りはなかろう。

しかし、これら、戦前期の実験の目的であった空襲対策と、建築や市街地の防災対策とでは、考え方の基本が、本来、微妙に、しかし明確に違っている。

つまり、空襲対策は、よほど長期で対策を講じるならともかく、戦争が迫ったり、すでに戦争が始まっている段階では、すでに建っている建物を建て替えたりする余裕はない、ということを前提にしている。建築物本体の防火性能を改善できる余地はごく限られていて、せいぜい、建物の外装を延焼しにくくするという程度だろう。火災実験に使われた建物は、実験の性格上、新築ではなく、ほとんどが老朽化して取り壊す予定だった家屋である。ということは、軸組木造の中でも、火災に対してはあまり強くない、特に火災がある程度拡大すると崩壊しやすい建物が、実験に供されていたとみた方が良い。大体、火災実験に使うような家屋は、実際に建っていたものを実験しやすい広場などに曳《ひ》き屋することが多かったはずだが、土壁などであれば、曳き屋の際に隙間が広がったり、亀裂が入るくらいのことはあっただろう。こうした条件も、延焼拡大を助長するようにはたらいたと考えられる。こうした実験内容や、建物本体の防火性能には手を付けずに、市街地の延焼を緩和するような方法を開発してきたことは、当時の実際の市街地がほとんど木造で構成され、老朽家屋も少なくなかったという現実のもとでの空襲対策である限り、理に適っているが、新築の建物を対象とする建築防災技術や防災法令を誘導しようとするのなら、必要に応じて建物本体に手を付けても良いはずである。その違いがあまり明確に区別されないまま、木造が火事になったら手が付けられないというイメージができてしまったことも、木造建築を火事に強くするという発想の芽を摘む原因になったのではないだろうか。空襲対策と建築防災対策の前提の違いは、戦後もあまり意識されていたとは思えないのである。

さて、軸組木造でも防火的に強くできることは前述のとおりだが、昔から姿が変わらない木造の柱・梁に土壁のいわゆる伝統木造は、どうにもならないのか。一九九〇年代の規制緩和などで、ツーバイフォーや、細い木材を貼り合わせて大きな断面の木材を造る集成木造のような近代的な木構造については、規模・階数などの制限の緩和が進められてきたが、伝統的な木造は置き去りにされた感がある。

しかし、京都を筆頭に、歴史的な町並みでありながら、法令上、土地の伝統的な工法で家を新築することができなくなってしまっている町は少なくない。古い町家などを増改築する場合も、増改築の程度によっては、現代の法令が適用されるため、元の姿とは似ても似つかない形になってしまうことがある。かくして、歴史的都市景観は、町家の老朽化が進んだりして建て替えられる度に伝統とはほど遠い、日本中どこにでもありそうなありきたりで国籍不明の景色に変貌していく。

防災法令は、普通、一種のデータ根拠主義を取っているので、安全であることが立証されないと高い位置づけを与えることはない。ということは、技術や材料などが、法令上、低く位置づけられているからといって、それは、必ずしも「安全性が低いこと」が立証された、ということを意味しているわけではなく、「安全なことが立証されていない」だけの場合もあり得るわけである。伝統的な木造建築は、戦後、性能的な観点から防災性能の研究がされたことがほとんどないので、法令的な位置づけが低いのは「安全なことが立証されていない」からである可能性が濃厚である。

ここで、木造建築の防火性能を、乾いた目でその素材から見直してみると、工夫すれば、結構、火事に強い建物を造れるはずであることに思いあたる。たとえば、土壁は、厚さが同じならコンクリートより熱を通しにくいし、木造の柱や梁も、太い立派な材木を使えば、火災で表面から焦げていくことは防げなくても、そう簡単に崩壊に至るとは思えない。事実、木造体育館などは、間伐材等を接着して造った集成木材などで非常に太いアーチなどにして、火災で表面が焦げても壊れないように設計されている。火事の時に燃え抜けたりする弱点を何とか補っていけば、それなりに火事に強くなるはずである。

こう思っていたところ、一九九九年、私の研究室は、京都西陣にある築一六〇年を超える町家の再生に関わることになった。設計・施工は、著名な数寄屋棟梁である木下孝一氏である。大火が起こった福井地震（一九四八年）も経験している棟梁は、地震や火事への関心も高く、伝統的な木造土壁で火事や地震に強くできることを立証したい。ついては、実験用の試験体を造って実験室に運び込むから、実験してくれ、という。試験体、といっても一階分の高さの壁を造るのだから、一個造るのに何十万円もかかる。輸送費だって馬鹿にならない。それを、必要なら何体でも造ってもっていく、というのだから、草野球のつもりで立った打席に、いきなり、まっすぐの豪速球を投げ込まれたようなものである。こうして、棟梁の挑発に乗って、この再生町家の外壁と同じ仕様で壁の試験体を造って、建築基準法の「準耐火構造耐力壁」という木造で達成し得る最高レベルの性能確認に使う加熱試験を実施してみると、その基準値を遙かに超える性能である。念のため、地震後の火災も想定して、試験体に大地震に相当する変形を与えたうえで再び、この実験を行ってみると、それでもまだ、基準値を遙かに超えている。

せいぜい二階建ての町家の再生や新築に、こんなに防火性能の高い壁が必要になるわけではない。このような実験結果が得られたことは、これほどの防火性能が必要でないフッーの町家については、あまり特別な工夫をしなくても、防火的に安全にすることができることを意味しているわけである。日本の伝統的な木造建築は、昨今、資源のリサイクル性や室内化学汚染防止などの観点から見直されはじめているが、従来、指摘されることの多かった防火性や耐震性の欠如などは、技術として正面から取り組めば、意外と容易に克服できるのかもしれないと考えられるのである。

地震とちがってビル火事はどうして学術調査がされないのか

震度六くらいの地震が起これば、まず間違いなく、関連学会などで大規模な地震災害調査団が派遣される。専門家個人で被災地に駆けつける人もいるだろう。火災でも、たとえば二〇〇一年九月に起こった新宿歌舞伎町の雑居ビル火災は、四四人もの犠牲者を出して社会に強い衝撃を与えた。同じような惨事が繰り返されるのを防ぐ意味でも、原因を解明しなければならない。そのために専門家による調査を行う必要があると思うのは自然だろう。しかし、意外に思われるかもしれないが、これまでのところ、このように大きな被害を出したビル火災に、大学などの研究者が飛んでいって実態調査したり、学会などが学術的な調査団を派遣したことはない。

それは、まず第一に、地震災害は、突発的に起こる特異な自然現象が原因なので、著しい被害が出たとしても、刑事責任が問われることは滅多にないのに対して、火災で多数の犠牲者が出たような場合は、大体、防災設備の設置や管理、あるいは出火から火災・煙の拡大に至るどこかに、刑事責任を問われるような著しい過失や故意が横たわっている。火災調査は、この過程の解明にほかならないから、関係者の責任追及と紙一重となって、責任を追及されるかもしれない当事者からみれば、学術調査だといっても、なかなか受け入れ難いものである。調査結果が学会などで発表されたりすることにも抵抗があるかもしれない。それに、地震災害なら、被害は建物や土木構造物の外観や崖崩れなどに現れているから、被災地を踏破し、事情聴取を行えば、それなりに被害状況を把握・記録できるのに対して、ビル火災を調査するためには、被災建物に入らなければお話にならない。他人の建物に入るのであるから、通常は、その持ち主や管理者の許可を得なければならないが、持ち主や管理者としては、刑事責任を問われる以前に、犠牲者が出た空間を無闇に人に見せたいとは思わないだろう。そもそも、火災で犠牲者が多数出るようなことがあれば、ビルの被災部分は、警察が捜査のために封鎖して、しばらくの間、誰も入れなくなってしまう。新宿歌舞伎町の火事の時は、鎮火後、延べ床面積約五〇〇平方メートルの建物全体が封鎖されて、消防ですら容易には立ち入れなくなってしまった。阪神淡路大震災で起こった市街地火災のようなケースは、学術調査が行われているが、それは、ビル火災の調査を難しくしているこのような条件が該当せず、ほぼ地震災害なみに調査可能だからである。

ビル火災の調査が難しいのは、ざっとこんな事情のためだが、それでも、私が建設省（現・国土交通省）の研究所に勤めていた頃は、ホテル・ニュージャパン、川治プリンスホテルをはじめ、何度も、名だたる大火災の調査にあたった。それは、正確にいえば学術調査ではなく、建築防災の基本を定める建築基準法をあずかる建設省の職権におんぶしてのことであった。法令やその運用が妥当かどうか、改正すべき点があるかどうかを検討するための調査なのである。そういう職権と結びつかない大学や民間研究組織などの研究者は、大勢の犠牲者を出すような火災の現場に立ち入ることはまず、できない。しかし、火災の研究もどんどん専門分化してきている今日、火災調査できる立場にいる専門家だけで、果たして、職権が求める知見を十分に火災現場から獲得できるかどうかは疑わしい。また、火災調査は、法令や行政の範囲を超えて、将来の火災予防や防災技術開発の基礎となる研究にも必要なのに、職権と直接つながらない専門家の立ち入りを全面的に拒《こば》んでいる現状は、その機会をみすみす潰しているといってても過言ではない。このような意見や、大学などの専門家が火災現場に入れないことに対する批判や不満は良く耳にすることである。

私も、新宿歌舞伎町火災のような顕著な火災は、捜査や職権だけでなく、守秘義務の徹底などを前提に、もう少し広い分野の専門家を糾合《きゅうごう》して学術的な立場から調査すべきだと思うが、その一方、多数の犠牲者を出した火災の学術的調査の必要性を訴える声にもちょっとだけ疑問を感じるのは、それならば、誰も死ななかった火災は、どうして、誰も学術的に調査しないのだろうと考えてしまうからである。燃焼規模や煙の拡大範囲が相当大きな火災なのに、避難がうまくいって、死傷者も出なかったというような火災は、件数としては、むしろ、新宿歌舞伎町火災のようなものより多いだろう。

実際の火災でどんなことが起こり、実験室などではわからないどんなことが問題になるかを知るのに、犠牲者が出たか出なかったは、それほど重要ではない。多数の犠牲者を出す火災が起きたほとんどの建物は、目を覆いたくなるほど質の悪い法令違反や手抜きが幾重にもされていた。だから、建物の何が惨事をもたらした主要な要因か、と問われると答えに窮してしまうきらいがあるのに対して、火や煙がそれなりに広がったのに犠牲者を出さなかった場合は、避難誘導が成功した背景は何かを調べたり、防災設備や機器の操作、避難誘導のどこかに仮に失敗があったとしたら、どうなっただろうかと問いかけることで、何が防災の要諦になるかを理解することができるからである。

誰も死ななかった火災なら、放火の疑いが強くない限り、捜査も行われないし、行われたとしても、出火点付近のごく限られた範囲と火災後の短い期間に留まるものである。また、刑事責任が問われないということなら、持ち主や管理者、建物利用者などの口もそう重くならないだろう。建物の持ち主や管理者の許可が得られれば、学術調査も可能なはずである。世間を騒がせた火災の学術的な調査が大切だというのなら、その前に、誰も死んでいない火災の調査が行われていて然るべきではないだろうか。

火災調査の現状を、地震災害調査に比べてちょっと歯がゆく思うのは、地震災害なら、震度五くらいで、犠牲者が出なくても、誰か、専門家が調査に飛んでいくのに対して、火災は、なぜか、犠牲者が何人も出ないと研究者でもなかなか関心を示さないことである。犠牲者が出なかったビル火災で、職権から離れた組織的な調査が行われたのは、出火した九階からバルコニーを伝《つた》って二〇階まで延焼した広島市基町高層アパート火災（一九九六年）での住民の避難行動調査くらいのものではないだろうか。つまり、多数の犠牲者が出たビル火災は調査したくてもかなわず、犠牲者が出なかった火災については、研究者が関心をもたないから調査も行われない、ということで、結局、学者は、実際の火事の現場にもろくろく立ち入ってもないのに偉そうなことをいわなければならない羽目になるわけである。

発生件数で見ると、火災は、被害地震に比べて遙かに多い。地震ならどんな地震でも災害調査が必要であるわけではないように、むろん、どんな火災でも学術的調査に値するというわけではない。また、現場調査に先だって、調査に値する火災が発生したという事実そのものをキャッチし、持ち主や管理者の許諾をとって、建物や火災に関する基本情報も集めなければならないし、調査が終わって調査やその分析の結果を学会などで発表するにしても、プライバシーや責任に関わる問題など、書いて良いことといけないことがある。

火災調査は、このように、通常の学術調査そのままの手法と姿勢では臨めないことも確かだが、自分の反省もこめていえば、これまで、火災調査といえば、新聞等に大々的に報道される著名火災ばかりに目を奪われて、学術的に調査すべき火災事例を自ら発掘する発想と姿勢、組織づくりが、不足していたと思わないわけにはいかない。どうも、ビル火災の調査というものは、一般論としては、必要性が指摘されていながら、具体的な個々の場面では、職権で行うもの、という先入観にとらわれてしまっているようなのである。火災研究では、消防が調査して統計処理された火災事例データの統計的分析や、実験室の制御された条件下での火災実験やコンピュータによるシミュレーションなどが盛んに行われているわけだが、それは、火災でどんなことが問題になるかは、もうわかりきっているものとしたうえで、問題の個々のパーツに磨きをかけていくようなものである。パーツの精度向上も大切だが、そればっかりやっていると、自分のやっていることが、現実の火災とどうきり結ぶかを見失ってしまいそうである。実験室やコンピュータ相手でやっていることだけで、災害で引き起こされる問題が全部、網羅されるのかどうかも定かではないではないか。

まあ、このように言いたい放題にいうのは気持ちの良いものだが、文章にした以上は、もう後に引けない。

そこで、私の研究室では、このところ、一、二年に一件くらいのペースで、実際に起こった建物火災の調査を行っている。権限も何もない大学の一研究室なので、対象となるのは、誰も死ななかった火災でありながら、専門家の常識に疑問符をつけそうな事例である。ただし、そういう火災は事件性が乏しいので、あまり報道されないし、火事があったと知った時にはすでに現場が修復されていたり、建物が解体されてしまっていたりして、調査にならない場合もある。火災は随分沢山起こっているのに、調査するのがせいぜい年一件というのは、研究室の限られた体制でそれなりに実証的に調査するには、そのくらいの時間が必要であるのに加えて、こういう困難のもとで、調査に値する火災事例に巡り会うのが、その程度の頻度になってしまうからである。

新聞や知人の連絡などで、調査に値しそうな火災事例を感知した時は、まず、被災建物やその管理者を訪問して調査をお願いし、同意が得られれば、類似の火災事例や報道などからポイントと想像される現象をもとに、何をどう調査するか、大体の方向を決めて、火事や煙の拡大のメカニズムを推定するための現場調査や、関係者のヒアリングを始める。しつこいようだが、調査は、法律的に裏付けられた職権で行うわけではないので、この最初の段階から、調査のよってたつ前提が何であるかを意識しないわけにはいかない。

まず第一に、職権ではない以上、建物の持ち主や管理者、居住者に断られれば万事休すで、持ち主や管理者、居住者などとの信頼関係を築き上げることが絶対不可欠である。職権で行われる調査では、調査者が、これらの人と会話をするような機会は滅多にないが、職権によらない場合は、ビルの持ち主や管理者との会話が調査の入口になるのである。職権による火災調査では、ビルの利用者などとの会話があまりされていない、ということを裏返してみると、燃焼や煙の拡大範囲、構造物の損傷のようなモノの被害は調査されてきたが、火災で人間の生活などがどう影響されたかは従来の調査ではあまり視野に入っていなかったことになる。調査のお願いに行くと、持ち主や管理者は、火災というおそらく生涯初めての異様な事態にどうして良いかわからずに戸惑っていることも多いものだが、こういう状況そのものが、災害にあった建物や施設のマネージメントはどうあるべきかという未開拓の研究課題があることを浮き彫りにしている。

考えてみると、警察の調査はもとより、消防が行う火災調査も、その結果は、被災者が閲覧できるわけでもなければ、調査主体が、被災者の相談に乗ってくれるわけでもない。ビルが火事になると、コンクリートや鉄骨の強度が低下して補修が必要になることもあるが、そんなことは専門家にでもいわれなければわからないだろう。地震や市街地大火のような地域災害なら、大勢が被災することもあって、公共的な復興支援も期待できようが、個別の建物の災害であるビル火災は、そうはいかない。職権によらない火災調査は、被災者の理解がなければ成り立たない以上、純粋な現象解明に終わらずに、被災ビルの復興や今後の対策、居住者・テナントの活動の恢復につながる知見を誘導できるように心がけることも必要だろう。それが、防災や危機管理の新しい分野を生み出すかもしれない。

行政権限に関わらないために、かえって調査の内容を充実させられる場合もある。二〇〇〇年秋、公立中学校の木造体育館で全焼火災が起こったことがある。間伐材などを貼り合わせた集成木造の体育館は、一九九〇年代から全国で建てられているが、全焼したのは初めてである。そんなに火災が広がったのが木造だったからかどうか、また、集成木造の体育館は全焼火災でも崩壊しないように設計されているが、あくまでも実験室のデータに基づく設計であり、本当の火災でも、設計どおりの性能を示したのかなど、木造建築や防災の専門家の関心を集めた。死傷者が出なかったので、国の各省庁も職権による調査は見送ったが、私は、木造建築の防火性能に関するこのような重要性に鑑《かんが》みて、施設を管理している自治体の教育委員会の同意と協力を得て、有志を募って調査団を組織してみた。声を掛けたのは、各大学、国公立試験研究機関、木造関係の非営利団体、民間企業の専門家などで、まず、現地に行った時は、旅費は各自で調達、作業は協同、情報は共有等という単純なルールである。

この火災は、火災感知器が発報してから床面積約一〇〇〇平方メートルの建物全体に火が回るのにたった八分。火災で死傷者が出なかったのは昼休みで誰も館内にいなかったからに過ぎず、催し物などで子供や地域住民が大勢、入っている時に火災になっていたとしたら、大惨事になったかもしれない。しかも、学校の体育館は、どれも同じような設計になっているから、他の木造体育館でも同じような火災が起こるおそれがある。教育委員会でも、このような火災を繰り返さないための対策を講じたいが、前例がないし、どこにどう相談して良いかもわからないとのことだった。

この火災については、現場での調査を行っただけでなく、出火点にあった体操マットなどの可燃物は、現場にあったのと同じ製品を入手してどう燃えるか実験室で測定するなど、建物がどうして短時間に全焼したのかを実証的に検討した。また、体育館が結局、解体された時には、集成木材のアーチの一部を持ち帰って実験室で強度等を測定し、集成木造の耐火設計の考え方が正しいかどうかも検証した。出火から鎮火までの状況は、消防隊や学校の先生が詳しく記録しているし、建物も新しくて図面などが完備している。火災現場の実測や実験などを行っても、火災そのものの記録がはっきりしなかったり、火災前の建物がどんな状態だったかがわからないと、意味のある結論を導きにくいものだが、この火災については、そういうデータが驚くほど良く残されている。そういう意味でも、この火災は、分析し尽して引き出せる教訓を全て引き出してあげないと、全焼した建物も浮かばれない。

調査の範囲がこんなに広がると、一つの研究所や研究グループの手に余るので、職権による調査でも、ここまではやらないものだが、今回は、省庁・機関を横断し、それぞれ得意な分野を分担することができたため、多方面の分析が可能になった。突発的な災害の調査で、年度末にも近かっただけに、調査資金の調達には少し苦労したが、参加者のボランティア精神に支えられて、学術的にも職権による調査では期待し難い成果を得ることができ、再発防止の指針を示して、機会を与えていただいた教育委員会の期待にも一応、答えることができた。

この調査では、職権によらない火災調査のスタイルがうまく機能したといえようが、このような調査を振興するには、解決しなければならない課題も少なくない。こうした調査の意義は、まだ社会的に広く認められているとはいい難いし、突発的に起こるだけに予算措置も容易でない。刑事事件にはならないとしても、民事裁判が起こった場合などに、どう関わるのか。火災現場には危険がともなう場合もあるが、調査中の事故の予防や万一、事故が起こった時の対策はどうするのか。また、学術調査なのだから、得られた知見を火災予防等のために社会に還元するという意味でも、調査結果は公表することが前提だが、被災者のプライバシーのように公表に適さない情報が、公表すべき学術的情報と密接に関係した場合にどう処理すべきか、などなど。

　このスタイルの災害調査を行う場合には、火災調査に取り組むだけでなく、調査のいろいろな段階で、調査の実施上、どんな問題や困難が起こって、それをどう乗り越えたか、あるいは乗り越えられなかったかも記録しながら、機能的な調査のあり方を探っていく必要がありそうなのである。

建築基準法どおりに建てた建物は安全か

建築物を建てようとする時には、建築基準法という法律に従わなければならない。この法律は、建物の結構細かい部分まで規制しているので、いかに建築基準法の網の目をくぐるかに腐心している設計者は多いし、これだけいろんなことを規定しているのだから、建築基準法どおりに設計すれば、もう何があっても安全だろうと思っている人は少なくないだろう。

私は以前、建築行政を所管している建設省（現・国土交通省）に所属する建築研究所の防火研究室長を務めていたが、その時、見ず知らずの宝石店経営者から突然、電話で相談を受けたことがある。それは大体、次のような話だった。

「今度、本店社屋を新築するが、宝石店はお得意に売った宝石を預かることもあるし、安全は店の信用の基本である。宝石は石だから火事に強いと思うかもしれないが、火事で熱を浴びれば宝石としての価値は無くなるから、隣で火事になって延焼しても困るし、万一、何かの原因で店内で出火しても管理している宝石には累が及ばないようにしたい。設計を頼んだ建築士は建築基準法どおり設計しているから安全だといっているが、建築基準法には店舗の防災の規定はあっても宝石店のは見当たらないし、そもそも、店で扱う商品の安全は警備で守るか保険をかけるのが本来で、法律でとやかくいわれる筋合いはない。それでも建築基準法どおりの設計にして本当に宝石を守れるのか？」

宝石商という職業について私が素朴に抱いていた先入観と話の内容の理屈っぽさのギャップ、そして宝石は火事にあうと使い物にならなくなるという初耳の話題にも興味を感じて、相談に乗ることにしたのだったが、この社長さんの疑問は、ほぼそのまま、表題のもとに考察しようとしている問題の核心をついている。

防災対策で何を守ろうとしているかを考えてみると、人間だったり、建物自体だったり、建物内の財産だったり、あるいは災害で逃してしまう営業機会だったりするわけだが、建築基準法の方は、本来、公権力が立ち入るべきでない私有財産たる建築物に制限をかける以上、法で守る対象は、自《おの》ずから、公共性のあるものに限られる。前述の社長の指摘どおり、お金に換算できる財産の安全などは警備か火災保険に委ねればそれで事足りるのであり、建築基準法の防災規定は、細かいように見えても、人命安全とせいぜい、消防活動に困難を来さないとか市街地火災への発展を抑制するという観点から、建物自体の安全に言及しているに過ぎない。基準法に則《のっと》って防災設計すれば、方向的には、法の直接の対象とならない財産や建築機能も火事の被害を受けにくくなるだろうが、たとえば、情報機器などは煙や熱に対しては人間より繊細である。だから、法令を満足するからといって情報機器も安全とはいえない。

冒頭のような疑問が生じるのは、防災対策の考え方やレベルは守るべき対象によって違うことを施主である社長は理解しているのに、設計者は法令に合ってさえいれば何に対してもノープロブレムだと思っていたからだが、世間一般を見れば、社長よりこの設計者のように思う人の方が多いかもしれない。

建築基準法どおりなら人命は安全か?

人命安全は、法による規制に値するすぐれて公共的な概念だが、それなら、建築基準法どおりに建てれば人命安全は万全だろうか。ここにも、世間で思う人命安全の考え方や法令への期待と建築基準法の性格の間にギャップがあるように思う。二つ例をあげよう。

第一は、建築基準法で規制できるのはいうまでもなく「建築物」だが、建築物の防火対策だけでは、火災による犠牲をゼロにできないという事実。火災による死亡事故には、失火など、犠牲者自身が出火に関わっている場合や発熱器具の故障等による出火で直接死亡する例が少なくない。特に犠牲者が一人の火災にこのような例が多いが、こうした場合、出火から死亡に至る過程に建築物自体の防火安全性能が関わる余地はないに等しい。だから、こうした犠牲者を減らすには建築物を対象とする建築基準法をいくら強化しても効果はなく、火気類の安全基準を整備したり、ちょっとした操作ミスで出火したりすることがない発熱器具や、容易に引火したり、燃えて有害ガスを発生することがない衣料・家具・寝具などを開発して普及させる方が遙かに重要である。一方、犠牲者が多数出るような火災は大抵、建物自体のどこかに火災や煙を拡大させる要因がある。建築防災の主な目標は、このように火災や煙の拡大によって犠牲者が出るのを防ぐことにあるというべきで、建築防災で火災安全のどんな問題でも解決できると過大な期待をしてはいけないのである。

第二は、建築基準法は、もっと細かいことが書いてある施行令、告示などとセットになっていて、建築基準法第一条では「国民の生命……の保護を図り」と、その目的を謳っているが、施行令、告示まで読んでいくと、法で想定している「国民」とは健常者のことであって、高齢者や身障者、子供などは想定していないとしか思えないことである。たとえば、中高層建物や地下から地上までは階段で避難することが前提になっているが、そうだとすると、階段を使えない車椅子使用者は避難できないことになる。また、避難安全設計では、火災になってから、火事に気がついて避難行動を始め、室内や避難路である廊下を歩いて避難階段に入る等の時間を計算し、煙が立ちこめてくるまでに避難が終わるように設計するが、人間の歩く速さとして法令で示されている数値は、高齢者や身障者としては速すぎる。

一九九四年には、バリアフリー建築を促進するいわゆるハートビル法も制定されたが、ハートビル法にも防災規定はなく、せっかくのハートビルも、そのままでは「災害時もバリアフリー」とはいえない。しかし、現在、火災をはじめ、建築における災害や事故の犠牲者の多くは高齢者や幼児であり、さらに核家族化と高齢化によって高齢世帯が増加していることを考えると、建築基準法の人命安全規定が高齢者などのいわゆる災害弱者を想定していないという事実は、どこか、法が対処すべき現実から遊離しつつあるという印象を免れない。

ハートビル法に防災規定が盛り込まれなかったのは、制定当時バリアフリー建築の防災計画手法が十分、確立しておらず、防災規定を導入するとハートビル自体が普及しなくなってしまうおそれがあったからともいわれているが、ハートビル法もそれなりにバリアフリー建築普及の成果をあげてきた今日、もうそろそろ、防災安全についても基準や規定を整備すべき時期になっているのではないだろうか。

それなら出火に関わらない健常者の安全は？

現行建築基準法による火災安全の効果には以上のような限界があるとして、それなら百歩譲って、建築基準法どおりに設計・施工すれば、出火に関わらない健常者の火災時の安全性は確保できるのか。これも実はそんなに簡単にＯＫは出せない。

火災感知器や排煙、防火シャッターのような防災設備は、火災時に期待どおり作動してこそ、その威力が発揮されるわけだが、そのためには、故障等の不都合が生じないように維持管理され、いざ火災時にはちゃんと操作されるのでなければならない。でも、防災設備は、空調や給排水と違って、日常的にはほとんど使われることがない設備である。空調や給排水なら、故障したり、機能に異常があれば、建物利用者が気がついて設計者や建物管理者にクレームがつくだろう。しかし、防災設備にはそれが期待できず、ちゃんと機能するかどうかは実際に火事になってみないとわからないというのでは困るので、竣工時に性能検査したり竣工後の定期的な検査が義務づけられ、防災訓練の実施が指導されている。でも、それですら、防火シャッターが降下する線上に障害物が置かれていたり、煙感知器は非火災報（煙草や調理の煙が原因で火災ではないのに出火信号が出ること）が出るからといって電源をオフにされるケースが後を絶たない。ちなみに、煙感知器、略して煙感といえば、あ、火事じゃなくても鳴るやつねと不信の目で見られがちだが、実際に出火しても煙感が作動するのは、いかにも火事らしい激しい燃え方になるより前だから、煙感が鳴って本格火災への進行が防がれた場合でも、それが正しく認識されずに、ただの非火災報だと思われていることが多い。また、煙感が鳴って現場に行ったら本当に火事だったとしても、日本では火事を出すのは恥と思われているので、無事に消火できれば、誰にも話さない。こうして、煙感は功績をあげても誰にも褒《ほ》めてもらえないまま、無闇に厄介者扱いされている。煙感は、いくら文句をいわれても黙して何も弁解しないので、この際、紙面を借りて応援しておこう。

閑話休題。防災設備がまともに機能しないような管理は明らかなルール違反だが、そうでなくても、火事の時には、建物の一般利用者は気が動転して、防災設備など満足に操作できないのではないだろうか。事務所やホテルの廊下などでよく目にすることだが、排煙口が、各階の避難階段への動線と反対の極に設置されていて、操作釦《ボタン》がその真下についていたりする。ということは、火事になってその排煙口を開けるには、立ちこめる煙をかいくぐって決死の覚悟で排煙口に突進しなければならないわけだが、そもそも、日常動線から外れている排煙口の存在を、火事の時に誰が気づいてくれるのだろうか。

こういう事態について、法令で防災設備の位置や操作方法まで具体的に決めていないのが悪いという陰口もあるが、個々に条件が異なる建物を網羅できるように防災設備の計画内容を法令で表現するなど不可能だろうし、仮にそのような法令になったら、建物を建てようとする人も設計者も、もう息苦しくてかなわない。第一、建築の設計は、誰にでも許されているわけではなく、ある程度の規模になれば、専門的な教育を受け、実務経験を経たうえで初めて受験資格が与えられる一級建築士資格が必要で、一級建築士試験は、合格率は一〇％余りという難関である。その一級建築士が、建物の何から何まで法令で指示してもらわなければ、まともな設計ができないというのでは情けないではないか。排煙口の操作釦をどこに設けるかなど、いってみれば、電気のコンセントや照明器具のスイッチをどこにつけるかと同じレベルの問題である。電気や衛生設備などは、利用者がどう使うかを考えて設計されるわけだが、それと同様に、設計者がお施主さんと相談しながら、火事の時はどう避難するかを念頭に置いて防災設備のレイアウトを考えればそれで済むはずである。

大きな火事などがあると、防災規制がもっと厳しければ、そのような被害にはならなかったのではないかといわれることが多い。そういうケースも確かにあるだろうが、このような論調には、往々にして、建てる時に法令や基準さえ守っていれば、建物の管理者や使用者は何もしなくても、自動的に安全が確保されるようになっているべきだという考えが潜んでいないだろうか。でも、火事になった時、初期消火や避難行動をしなければならないのは、そこにいる人間以外にはあり得ない。それに、防災規制は、最低限を決めているだけで、個々の建物の条件に応じて、それ以上に安全にすることについて、何の制約を課しているわけでもない。

考えてみれば、安全性は、建築が備えるべき性能のうち、最も基本的で素朴なものの一つだろう。それは、建築基準法に防煙設備の規定が導入される前に計画された超高層ビルに、法令が要求しなくても防煙設備が最初から計画されて導入されていたのを見てもわかる。法令に記載された防災設備ですら、大抵は画一的ではなく選択の余地が残されているものだが、防災設備を必要な時にきちんと機能させる自信をもてない建物なら、人の手を借りずとも、また管理の状態の如何《いかん》にかかわらず、何とか機能しそうなタフな防災計画手法を選択するのが、設計者の役割ではないだろうか。そして、建物を利用する人は、火事の時は、自分の足で避難しなければ助からない。そのうえで、もともと、自力では避難できない人をどのように助けるかは、設計者や建物管理者が考えるべき課題である。

すなわち、防災法令は、規制対象となる内容についても、せいぜい安全達成の枠組を提供しているだけで、法令に機械的に従うだけでは建物の安全は達成できない。設計者やオーナー、建物管理者、そして建物利用者が、安全について一定の思慮を致して初めて、建物は安全になるのである。

『安政見聞誌』——ジャーナリスト仮名垣魯文の編集者的才能

災害の情報を集めるのに、古書店は欠かせない存在である。

探そうとしている資料がはっきりわかっている場合は、蔵書が体系的に整理分類されている図書館に行けばよいわけだが、たとえば、災害の記録などは、私家版として作成されたり役場などで少部数、印刷されるだけのことも多いから、出版物を皆、収集していることになっている国会図書館でも網羅できているとは限らない。昔の災害になると、どんな資料があるかはっきりしないし、そもそも、災害関係の専門書に記録されていなかったり、詳しい情報が記録されていない災害も少なくない。古書店の真骨頂は、こういう「あると思われていなかった資料」が発掘されていたり、それまで資料として認められていなかった文書に資料価値を見出して世に出したりすることなのであろう。こういう古書店は、整理分類されて「資料」として確立した世界から、常に一歩踏み出そうとしている点で、やはり図書館とは異質の存在であるといわざるを得ない。

私が社会に出た一九七〇年代半ばからの一〇年ほどは、東京をはじめ、全国に古書店の数もまだ多かったし、たぶん、関東大震災のような戦前の大災害を直接経験したり、報道される災害に興味をもった世代の人たちがそろそろ鬼籍に入られる時期に重なっていたのであろう。大学のある地方都市の古書店などに行くと、どこぞの蔵書がまとめて放出されたのか、昔の災害記録などが、今の専門古書店の目録や神保町値段からは信じ難いような値段で山積みになっていたりした。

当時、私は、実験やコンピュータによる計算などに没頭していて、災害資料に興味をもったのは、実験やコンピュータなどで扱うのに適当な現象はないか、という下心からだった。たとえば、関東大震災の時には、炎が竜巻のようになる火災旋風のような特異な現象が起こったりしている。しかし、こうして、災害資料の探索がてら、黴臭《かび》そうな古書店に鼻を利かせて徘徊《はいかい》していると、副産物とでもいえようか、発禁本・部外秘資料をはじめ、相当な力作なのに著者はすっかり忘れ去られている専門書だの、現代の教科書や学会の通説などと違ったことが書いてある書物など、図書館ではなかなか素直にはお目にかかれない文献に遭遇して、思いのほか、世界が広がる。考えてみれば、実験やコンピュータによる研究は、施設や機械もあるその時なら可能だが、そのような研究資源のない職場にかわったり、年を取ったりすれば、そんなことはできなくなるかもしれない。でも、文献の研究なら、資料さえ手元にあれば、研究環境にかかわらず、続けていくことができそうである。こうして、他人から見れば、ごみの束にしか見えない災害資料だの、学問の正史から消し去られたらしい異端の専門書など、図書館的文献からはみだした書物が研究室や、当時独身だった我が家に蓄積してくる。

さて、我が家では「ごみの山」としか見られていない小生の災害資料の中で、大抵の人に、これは見事ですね、といっていただける数少ないものの一つが、安政江戸地震を記録した『安政見聞誌』全三巻原本である。

安政二年（一八五五年）に起こったいわゆる安政江戸地震は、阪神淡路大震災の際のような同時多発火災をともない、死者数千を出した幕末の大地震である。

本誌は、この地震の被害のかなり客観的で詳細な記述から、地震前後に起こった一連の奇妙な出来事、政治的風刺まで収めて、江戸幕末期の爛熟と混乱と活力の中で地震という現象がどんな影響を及ぼしたかを立体的に写し出し、この地震の資料としては最も有名なものであるのだが、文章は江戸時代民間本の例のミミズの行列調で、現代のフツーの人にはほとんど解読できない。

それなのにどうして見事ですねといっていただけるかというと、被害の様子が、江戸浮世絵全盛時代の掉尾《ちょうび》を飾る一勇斉国芳一派によるカラーの木版画で描写され、見開き、観音開きとほとんどポップアップ感覚で満載されているからであろう。この地震については当時、いろいろな出版物が出されたが、この視覚表現の鮮烈さと、短い記事をたたみかけるように編集したメリハリの良さ、事実関係だけでなく、流言や後日談までを含めた内容の広がりによって、確かに、本誌は抜群の個性を発揮していて、阪神淡路大震災後数多《あまた》出版された雑誌の震災特集号などよりもよほど生き生きしている。

記録されたエピソードには、赤ん坊を残して死んだ母親が亡霊となって夜な夜な現れて我が子を連れ出し、授乳するというような奇談も少なくない。現代では、それらは、地震後に飛びかった根も葉もない流言と片づけられて、そういうものを掲載したのが本誌の瑕瑾《かきん》という研究者の批判も時に目にするのだが、私はそう簡単に割り切って良いものだとは思わないのである。

地震では、実際に養うべき家族を残して逝った母親や父親も少なくなかっただろう。逃げ遅れた人を助けようとした人物がかえって被災してしまったというようなことも、本誌に紹介されているように実際にあったに違いない。本誌の読者の多くは、当の地震の被災者であるか、被災者を身近に見ている人たちであり、素朴な倫理感からみれば耐え難いこうした事態をどう受け止めて良いか、苦しんでいた人も少なくないだろう。本誌には、養女を継子いじめをしていた夫婦が家の下敷きとなったのに養女は助かったというような事実か流言かわからない因果応報譚も載っているが、迷信めいたエピソードは、このような伝統的で素直な因果応報譚と並び記されることで、災害を生き残った人たちに救いを感じさせ、立ち直らせていくきっかけとしての機能を果たしていたのではないだろうか。あるいは、本誌の編集者自身が、そのような経験で苦しんでいたのかもしれない。

実は、私もミミズの行列の古文書はよく読めない「江戸時代にタイムスリップしたら文盲」状態なのだが、これなら文章をあまりちゃんと読まなくても大体のことがわかる。ということは、本誌が出版された安政年間、あまり字を読めない人でも、木版イラストでイメージをふくらませながら、膨大な内容を、飽きずに理解することができたのではないだろうか。

本誌を入手したのも古書店である。昔、北海道大学で集中講義を頼まれて、一日、教室に缶詰の後、北大正門を出たら、その正面の弘南堂書店のウィンドーに本誌が飾ってあって、正札が講師謝金とほぼ同額。前に神保町で見た時の半額以下だったこともあって、まあ、夏に札幌に来て涼しい思いをし、旨《うま》いものも安上がりに食べたのだから、お金はスッてしまっても良いじゃないかと自分にいいきかせ、謝金をつぎ込んで購入したのであるが、今となってみると、我が蔵書中、さしずめ掃溜《はきだ》めの鶴である。何しろ、私の非常勤講師謝金単価は、その後も大して変わらないのに、本誌の古書店価格はうなぎのぼりである。

本誌は、人気を博しながら発禁になったといわれていて発行者名も書かれていないが、明治に入って新聞を興し、日本における近代的ジャーナリズムのパイオニアとなった仮名垣魯文(一八二九〜九四年)が編集したものである。もっとも、発禁といわれている割には、今日まで結構な部数が残っているようであり、当時の発禁がどのような措置であったかを含めて、その真相はよくわからない。

魯文は当時、満二六歳。私の不勉強で、それまでの経歴は知らないが、被害の事実関係を簡潔にまとめながら、地震の影響を物質的被害だけで捉えることなく、しかも世相にも媚《こ》びずに風刺的に接し、多くは被災者である読者の癒しまで視野に入れている点、若いのになかなか老獪《ろうかい》でもある。そして、このように複雑で重層的な情報を余すところなく読者にアピールする表現方法と、自分の編集意図に適した表現者を活用している点に、彼の編集者としての希有な才能を読みとることができるだろう。

このような人物が出現し、このような出版物が世間の支持を集めたらしい事実は、安政江戸地震が封建時代というよりはすでに近代に属する事件であることをも物語っている。安政地震については、本誌以外にも、一説には五〇〇に及ぶという膨大な数・種類の刷り物が発行され、なかには被災した各所の貼り紙文をまとめたものなど、災害記録の常識的な機能を超えたものや、見出しが刺激的な割には大した内容が書いてない現代の大衆週刊誌を思わせるものもある。それは、被災したのが、江戸という大消費都市だったためでもあろうが、江戸のそれまでの災害ですら例がないことであり、明治時代の大地震・濃尾地震などに比べても、その記録は多岐にわたっている。

安政地震は、江戸を襲った大地震としては、一七〇三年に関東地方で七〇〇〇に近い犠牲者を出した元禄大地震以来、約一世紀半ぶりの出来事である。その間には、江戸にそこそこの被害を及ぼした相模地震（一七八二年）などもあったが、安政地震の後の書き物では、それは無視されていて、安政地震が元禄大地震以来の大地震といわれたりしているのは、当時の江戸市民の間で、いかにこの地震が特別なものと受け止められたかを示しているように思う。元禄大地震は、徳川綱吉治世末期の社会・政治の混乱のさなかに発生し、その後一七〇七年には、富士山の噴火や、東海道から近畿にわたる震害と西日本全域に津波災害をもたらした日本史上最大級の大地震・宝永地震が続いた。当時の人たちは、安政地震を元禄大地震と比べながら、安政地震の二年前にペリーが率いる黒船が来航して、日本に開港を迫った前後からの世相を、元禄大地震前後の不安に彩られた時代と重ね合わせて見ていたのではないだろうか。

安政地震について、膨大かつ多様な刷り物が発行されて江戸市中に流布されたのは、地震そのものへの関心もさることながら、長く変化の少なかった江戸時代が大きく変化しつつある中で、江戸市民が、このような大災害について、何か知らないことがあるということに対して抱く不安にかきたてられたからではないだろうか。それは、情報社会を底辺で裏付けている同時性、すなわち、社会の大勢が、何らかの進行中の出来事に対して関心を共有するという特質と、それを具体化するメディアとが、安政地震の頃には一応、成立していたことを意味している。そして、これだけ、多量の出版物が出され、一世紀半ぶりの大地震と認識されたにもかかわらず、幕府は、江戸の地震対策についても復興政策についても、特筆に値するようなことは何もしなかった。それは、一六五七年、徳川幕府の支配体制が一応、確立した段階で、当時の江戸の人口の四人に一人が犠牲者になったといわれている大災害・明暦の大火の後、同じ幕府が江戸市街地の徹底的な改造を進めたのをはじめ、元禄大地震の時も、将軍の相次ぐ病没による政権構造の変化を通じて江戸の都市災害防止のインフラが整備されていくのとは対照的で、社会では、幕府の余命がもはやいくばくもないことを暗示するものと受け止められたであろう。

『白木屋の大火』
——日本初の高層ビル火災と名門百貨店の運命

バブル経済が崩壊した一九九〇年代以降、どんなデパート、スーパーが倒産してもさほど驚かれなくなってしまったが、一九九九年一月末をもって東急百貨店日本橋店が閉店した時には、閉店セールの盛況も手伝って相当な話題になった。倒産ではなく、チェーンの一店舗の閉鎖としては、異例といって良いだろう。

このデパートは、東京オリンピックを直接経験したくらいの年代以上の東京っ子には、旧「白木屋」といった方が馴染みやすいかもしれない。白木屋は、徳川時代、参勤交代が制度化されて人口が集中しはじめた江戸で起こった最初の大災害・明暦の大火（一六五七年）の後、下町が区画整理された時に、現在地付近に小間物店として開店し、やがて呉服店に発展して江戸・東京の歴史に異彩を放ち続けてきた存在だったからである。

白木屋には、都の史跡にもなっている現存の泉「白木名水」やこの名水の発見にまつわる「白木観音」、さらには明治末期に七代目松本幸四郎を演出に招いて組織した日本初の少女歌劇団（それを関西で模倣したのが宝塚の発端とされている）と、エピソードでは大抵の名門百貨店を凌駕しているが、防災関係者に記憶されているのは、何といっても、一九三二年一二月一六日の開店直後、歳末大売り出しとクリスマスのデコレーションで飾り立てられた四階玩具売場から出火して、女子店員を中心に一四人の犠牲者と一〇〇人を超える負傷者を出したいわゆる白木屋火災であろう。

白木屋は、明治時代に建てた社屋が関東大震災で被災した後、当時売り出し中の若手建築家・石本喜久治を起用し、当時、デパートといえば、装飾満載で重々しいヨーロッパ様式風建築が主流だったのに対して、窓の大きい軽快なモダニズムの八階建ての大建築で一九二八年に再建し、第一次世界大戦以来の経済成長で成長著しかったホワイトカラー族の家族などの中流都市市民階層をターゲットとする新しい個性を売り物にしていた。石本は、今日、日本の近代建築運動の嚆矢と位置づけられている建築家集団・分離派が一九二〇年に創立されて以来の中核的なメンバーとして、白木屋や、現在は有楽町マリオンが建っている場所にあった朝日新聞社社屋など、装飾や歴史的様式に頼らないモダニズムによる大作を数多く手がけていた。当時、白木屋は、勤労層を主体とする新しい都市の消費生活を象徴する拠点でもあったわけである。そして、白木屋火災が起こったのは、上野・浅草間ですでに開通していた日本初の地下鉄が延長され、その日本橋駅が、白木屋の地階に直接、接続するという江戸以来の日本橋の老舗としては、晴れがましい出来事も目前という時期であった。

日本初の本格的高層建築火災と位置づけられるこの火災については、防災に関するいろんな専門書で紹介されているが、火災から半年後の一九三三年六月、白木屋自身によって火災とその後の経過を記録した『白木屋の大火』なるB6版一七三ページもの調査報告が私家版として出版されていることはあまり知られていない。

私家版で、このような報告がまとめられたのは、この火災に国内外から義捐金が寄せられるなど、社会的同情が集まったことへの対応でもあろう。類例としては、一九三〇年に東京の震災復興が宣言された時、東京市が、震災の被害と復興事業の内容を編集した立派な報告書を和文と英文で作成し、義捐金拠出者などに贈呈している先例もあった。

白木屋火災は、当時の先端的なビルで起こった大火災であっただけに、社会への影響も大きかったといわれている。たとえば、この火災では、多くの女子店員が犠牲となったが、それは、和服に下着を着用しない伝統的な習慣が原因で救助袋などによる避難をためらったことにも原因があり、女性が下着を着けるきっかけになったといわれている。まあ、そういうことって一体どう実証されたのだろうと私自身は信憑性を疑っているのだが、白木屋が支持を集めた基盤である中流都市市民階層の急成長という事実自体が、和装から洋装への転換に投影されているはずである。仮に俗説だったとしても、そういう伝説を生み出すのにふさわしい建物と時期に、この火災が起こったということだろう。

少し専門的になるが、モダニズムの理念のもとに計画されたこの建築では、店舗のレイアウトの変更を容易にしたり、店舗内の見晴らしをとるために、店舗内には間仕切りをあまり設けない開放的なプランとし、一部には吹き抜けなどもつくっていた。八階建ての高さで、各階がこれだけの面積をもつ店舗建築で、これほど開放的にした例は、当時、世界的にもほとんど存在しなかったのではないだろうか。火災の時、この大規模に広がる店舗に急激に火災が広がったり、たまたま出火階以上の階段が地上に直通になっていなかったため、消防活動や避難に著しい困難が生じて、構造を鉄筋コンクリートのような耐火構造とするだけでは、火災時の人命安全や消防活動に対しては不十分であることを、消防や建築防災当局に実感させるものとなった。そして、この経験は、戦後復興期に制定された建築基準法で、大規模ビルを一定面積ごとに壁・防火シャッターなどで区切って延焼面積を抑制する防火区画の考え方や避難用直通階段の概念が生まれる契機になったともいわれている。

しかし、『白木屋の大火』を読むと、火災損害は、人命損失や商品や建物自体の損害にとどまらず、建物改修までの数ヶ月間、営業規模を縮小せざるを得なかったことによる間接損害が著しいこと、火災保険の査定が予想より低かったこと、鉄筋コンクリート建築の防火性能の内容が、「永久建築」という触れ込みから素朴に想像されるようなものではないことなど、実際に災害に直面した経営者ならではの感想も具体的な裏付けとともに記されていることが興味深い。

考えてみれば、「耐火建築」というだけでは人命や財産の安全の保証につながらないことが社会に広く認識されるようになるのは、白木屋火災から三〇年以上も後の高度成長期に、ホテルや雑居ビルの火災が頻発してからのことだし、間接損害の著しさは、さらに白木屋火災から半世紀以上後の一九八四年、東京世田谷電話局のケーブル火災で電話九万回線ほかが一〇日近く不通になる、というような事故によって思い知らされることになるわけである。火災保険の査定が低かったといわれていることについて、私は、白木屋火災の火災保険査定の根拠となった保険会社の内部資料を、ある古書店の紹介で見たことがあるが（こんなものまで発掘されるところが、前節で述べた古書店の真骨頂であろう）、施工した清水組の工費報告はもとより同業他社の見積りも事実上無視して、このような巨大建築に携わったことのない人物が、内訳も書かずに総額だけ報告したひどく低めの見積りを根拠にしている点など、第三者から見ても疑問は残る。当事者としてはさぞかし不満だっただろう。白木屋火災は、ビル火災に関する様々な教訓を生んだが、そのほとんどは延焼防止や避難対策で、上記のような建物保有者の嘆きはすっかり忘れ去られて、戦後の防災思想には大した影響を及ぼさなかったように見えるのである。

この調査報告には、さらに火災以後の百貨店の活動記録もあわせて記載されている。それによると、火災当日、消火活動が続く間にも、すでに翌日の新聞に掲載される予定だった売り出し広告を火災の挨拶状に差し替えたり、支配人は、火災直後には、罹災を免れた低層部分を火災の八日後の地下鉄開通に合わせて営業再開する方針を固めたりしている。

『白木屋の大火』を読んでいると、この火災を当時、もっと深く掘り下げておけば、その後の防災思想も、もう少し幅の広いものになっていたのではないかと思えるのだが、一方で、本書は、被害の予想外の多様さとひどさ、火災後に経営者が払った対応の努力などの記述に偏るあまり、あたかも台風のような自然災害で一方的に被害を受けたかのような印象を与え、一四人もの従業員を死なせてしまったことに対する経営者としての無念や責任感はあまり伝わってこない。そして、欧米ではすでに高層化にともなう凄惨な火災も起こりはじめていた中で、世界にも前例がないほど大胆な建物とするのなら当然、視野に入れておくべきであった安全対策の研究を怠ったことへの反省になると、一行も触れられていない。本書が、貴重な示唆を数多く含みながら、すっかり忘れ去られているのも、私家版で出版されたために広く行き渡らなかったからだけとはいえないのではないだろうか。

第二次世界大戦後、白木屋の経営は関東大震災以後、郊外の私鉄沿線に拡大した住宅地を後背地として出発した百貨店に移って、やがて、店名からは「白木屋」の名前さえ消える。さらに火災から七〇年近くたって、当時の建物がすっかり姿を消す（石本が設計した建物自体は、戦後、さらに一世代若く、より徹底したモダニスト・坂倉準三の手で構造を残して外観はすっかり変わっていたのだが）というところまで見届けて、あらためて思い起こすのは、一五人の犠牲者を出した長崎屋尼崎店火災（一九九〇年）の後だったか、日本における火災調査のパイオニアで、おそらく白木屋火災も身近にご存じであった故・塚本孝一先生が、ため息をもらすような調子で口にされていた、店舗のような客仕事で一度、人が死ぬような火事を出してしまうと、どうがんばっても客は帰ってこないものだ、というジンクスである。

「関東大震災実況」の東京

建築に直接、関わっておられない読者の方でも、美術の教科書などにパルテノンやピサの斜塔など、歴史的建築の写真が掲載されていたのをご記憶の方は少なくないだろう。建築史の教科書になると、古代から現代まで、建築写真の満載となるのだが、ことほどさように建築の理解は視覚に頼っている。しかし、写真を見て実物を訪ねると、写真とは随分違った印象を受けること度々である。建築は、写真で納得していいてはいけない、といわれる所以《ゆえん》だが、訪ねたいと思っても現物がすでに消失していたり、公開されていない建造物もある。現存していても姿がすっかり変わっていることもあれば、周囲の状況が一変して、どのような意図でデザインされ、景観にどんな働きかけをしていたのかわからなくなっている場合もざらである。インテリアなんか、変わらない方が珍しいくらいだ。

災害やイベント、日常生活などになると、建築や都市、社会の歴史的理解に欠かせない要因でありながら、タイムマシンでも発明されなければ「現物体験」が不可能である。

「現物体験」が必要な分野の研究に、次善の策として、もっと活用されてよいのではないかとかねがね思っていたのがフィルム等の映像記録である。映画が普及しはじめた頃からは、観客がお目当ての作品の映写に入る前の目慣らしをかねたニュース映画というものがあったし、映画作品では、吉村公三郎

写真① 関東大震災発震直後の日本橋川。奥の白っぽい壁は土蔵、右手の鋸屋根は三菱倉庫。

監督、高峰三枝子主演の「暖流」（一九三九年）や溝口健二監督、山田五十鈴主演の「浪華悲話」（一九三六年）のように、戦前末期の東京や大阪の、今は失われた初期モダニズム建築や都市景観がオリジナルのインテリア付きでふんだんに登場する作品もある。カメラを移動したり、長回しのショットを撮ってくれれば、空間としての様相が文字どおり三次元的に把握できるし、その間に何らかの出来事が起こっていれば、その成り行きも含めて四次元的理解が可能になるのだから、フィルムの情報量は、場合によっては写真とは桁違いになる。

災害等には調査記録もあってそれはそれで貴重だが、それだと、記録者の関心の対象にならなかったものは記録されていない。映像でも、撮影者の関心を引かなかったシーンにカメラが向かないのは同じだが、カメラマンの関心と関係なく写り込んでしまったものが、人が意識的に記録したものをそのま

写真②　浅草公園北。12 時 30 分頃

写真③　蔵前、東京高等工業付近。午後 1 時過ぎ

までは信じないひねくれた研究者である我々には重要だったりするわけである。

さて、写真①にご覧に入れる映像は、一九九六年、つくば市内でかつて映画館を営んでいた旧家で発見された関東大震災のニュース映画フィルムの一齣である。フィルムは日活製作、撮影・高阪利光「関東大震災実況」で、映っているのは、一九二三年九月一日、午前一一時五八分の地震発震から約一時間半後に日本橋から江戸橋方向を見たシーンである。後に全焼してしまうこの一帯も、地震そのものでは大きな被害を受けずに錦絵に連なる美しい景観をみせ、舟の上の人々も、まだ何が起こったのかピンと来てはいない様子である。

関東大震災は、ちょうど、映画産業が本格化しはじめた直後に起こったこともあって、大火や被災地の様子を写したフィルムは少なくないが、写そうとする対象物に気を取られるあまり、場所や日時を推定する手がかりが写し込まれておらず、迫力は伝わってきても資料性の乏しいものが多い中で、このフィルムは、撮影場所が随所に記入されたうえ、特徴ある建物などを遠景などに写し込んで、撮影場所が特定できるようになっている。しかも、カメラマンは、撮影のルートを後で記録に残してもいる。本フィルムは、地震直後で、まだ大火となる前、すなわち文書ではほとんど記録されていない間の東京都心が映像化されている点でも、関東大震災の記録として価値が高い。長い間、行方不明となっていたが、後に名カメラマンとして名を馳せる高阪利光の初期の記録映画作品として恥じない出来栄えといえよう。

下町でも場所によって被害が違う

「関東大震災実況」は、震災当日の午前、向島にあった日活の撮影所で映画の撮影に当たっていたカメラマン高阪利光、伊佐山三郎の二人が、映画撮影が中断したこともあって、カメラと三脚を担いで隅田川を超え、浅草、蔵前、神田、日本橋を経て日比谷までの地震直後の様相を撮影した映像が中心になっている。写真②③にご覧に入れるのは、浅草と蔵前の火事の様子を撮影した場面だが、よく見ると、浅草（写真②）では人々が家財道具を持ち出して避難を始めているのに、蔵前（写真③）では、浅草の場面より少し後なのに、炎上する東京高等工業学校（東工大の前身）を見物する野次馬が集まっている。

映像を見ると、蔵前より浅草の方が、民家の壊れ方も激しい。地震そのものによる建物の被害が浅草付近で著しく、蔵前から神田にかけての構造的被害が比較的軽微だったらしいことは、震災後の調査からもうかがわれるが、地震自体による被害の程度の違いが、距離的には大して離れていないこの二つの地区の住民の行動の違いに現れているのではないだろうか。

浅草の方は、住民が警官と話をしたりしながら避難している。関東大震災といえば、朝鮮人虐殺のような事件も起こり、首都圏は恐慌状態になったとされているのだが、地震直後は、避難している人も野次馬も意外と落ち着いている。それが、どのような経過を経て、あの恐慌状態に陥っていったかは、未だに十分に解明されていないのだが、さらに浅草と蔵前の映像を見比べると、風俗や住民の装いにもか

写真④　洋風木造建築の被害。日本橋北槇町

なりの違いがあって蔵前の方が洋風化が進んでいることがわかる。このフィルムには他に日本橋や日比谷のシーンも登場し、どちらも洋装が目立っているが、同じ洋装でも、蔵前と日本橋・日比谷ではカジュアルとフォーマルくらいの違いがある。「関東大震災実況」は、震災当時、東京都心でも、地区によって生活の様態が大きく違っていたことを証言する貴重な資料ともいえよう。

崩れ落ちた洋風木造商会建築と目立った被害のない和風木造家屋

蝶ネクタイの紳士然とした人物の背後に、膝を屈するように道路に倒れかかる洋風建築（写真④）。

今日まで残っていれば、間違いなく建築ウォッチングの標的となっていたであろう頭でっかちの木造建物が、地震でこんな壊れ方をしたのは、そう不思議ではない。場所は日本橋北槇町。現在は東京駅八重洲口前から隅田川に向けてまっすぐに伸びる八重洲通りになっている当時の商業センター地区の一角で、ご覧の建物はいずれも商会建築であろう。だとすれば、道路に面した一階は壁や柱を極力取り除いたオープンな造りにしていたはずで、足腰の弱い頭でっかちという、耐震上は最悪のスタイルになっているからである。

写真の右端に瓦葺きの木造民家の妻壁がほんのちょっと顔を出しているが、前後の映像によると、こちらは、瓦を含めて外観上ダメージが見られない。それと比べると、ハイカラを狙ってデザインしたはずのこうした洋風木造建築の構造的な弱さがあらためて浮かび上がってこようというものである。

地震による建物被害は、建物だけでなく地盤にもよろうが、関東大震災発震直後の日本橋・神田の映像を見ると、塗屋のようにあまり耐震的でないとされる伝統防火建築が意外と健闘しているのに比べて、洋風木造にひどい壊れ方をしているのが目立つ。それは、頭でっかちの建物が倒れている様子がカメラマンの興味を引いて、ことさら映像として残されたということかもしれないが、写真左側の洋風建物の左側壁が脱落して中味が丸見えになっているところを見ると、構造はほとんどはりぼてである。第一次世界大戦のバブル景気の中、洋風商会建築がどんどん造られたのは良いが、地震を考えなくてもよかった西欧の建築意匠と耐震性の工夫が、調和の域に達していなかったということだろうか。

震災調査報告には木造の被害調査も収められているが、当時、木造そのものが近代建築学の視野に入っていなかったうえに、下町市街地の木造の大半が焼失してしまったこともあって、鉄筋コンクリート造等の調査ほど精緻ではなく、いわんや伝統木造と洋風木造の被害の様態の違いなど、区別されたりはしていない。当時の建築学者が見過ごしてしまった関東大震災のシーンを垣間見る思いである。写真の一帯も、この後、残らず全焼してしまった。

撮影ルートの推定

以上、関東大震災発震直後の日本橋、浅草、蔵前、そして東京駅八重洲口付近の様子をご覧いただいたわけだが、映し出されたシーンが一体どうして浅草、蔵前等とわかるのか、疑問にお思いの読者もあろう。史料批判なしではおハナシに過ぎないので、ここではいったん、その種明かしをしたうえで、撮影者・高阪利光、伊佐山三郎の撮影の足取りを追ってみよう。

映画「関東大震災実況」のフィルムは、いったん、行方不明となったのが、つくば市内の旧家で再発見されたわけだが、震災の記録としては名高く、撮影者の一人・高阪利光の回想が、田中純一郎著『日本教育映画発達史』（蝸牛社）に取材・記録されている。

それによると、震災当日、日活向島撮影所で映画撮影中、激しい揺れを感じて撮影は中断。隅田川の向こうに聳えていた浅草十二階が倒壊するのを目の当たりにして映像記録を決心し、撮影所→浅草→蔵前→浅草橋→神田→一橋→今川橋→日本橋→京橋→銀座→日比谷→日本橋上槇町（日活本社）→三越→呉服橋→大手町→馬場先門と歩いて（傍線筆者）、九月一日夜は日比谷公園で野宿したとなっている。

当時、浅草には、浅草十二階や活動写真館、日本橋には、日本橋に日銀や三越……というように目立った有名建造物があったし、有名でなくとも、その頃の東京の風景写真などを探すと、フィルムに映っている建物が写っていたりして、撮影場所がわかるのである。建物の角度などから、ほとんどの場合、道路まで特定できる。おそらく、高阪自身、後で、撮影場所がどこであったかを確認することも視野に入れて、特徴のある中高層建物を写し込んでいたのであろう。

こうしてフィルムのシーンの場所を一々確認していくと、フィルムに登場する場面の順序とかなりよく一致するが、このルートを辿ったとすると、特に傍線の部分では、時間がかかり過ぎて撮影場面の火災の状況等から推定される時刻と辻褄《つじつま》が合わなかったり、当然記録されていて良い大火災が実際には記録されていなかったりしておかしい。フィルム自体も、編集された時にシーンの順序の入れ替えがあったとしても不自然ではない。関東大震災は、今世紀前半までの世界の災害史上、稀なほど、災害の様子が時間とともにどう変化したか克明に把握されているのである。それはたぶん、高阪の記憶違いだろうと推定し、著名建物火災に関する他の記録と時刻を見比べて整理した結果が、図にご覧の足取りである。『日本教育映画発達史』によると、撮影は四日まで続けられ、そのまま日暮里から上越線周りで京都に向かって九月七日、京都で初上映されて、大喝采を浴びたといわれている。

撮影場所の同定——馬場先門とわかるまで

発見された「関東大震災実況」のフィルムは、残念ながら、末尾の一分余り分が腐食して、断片的に

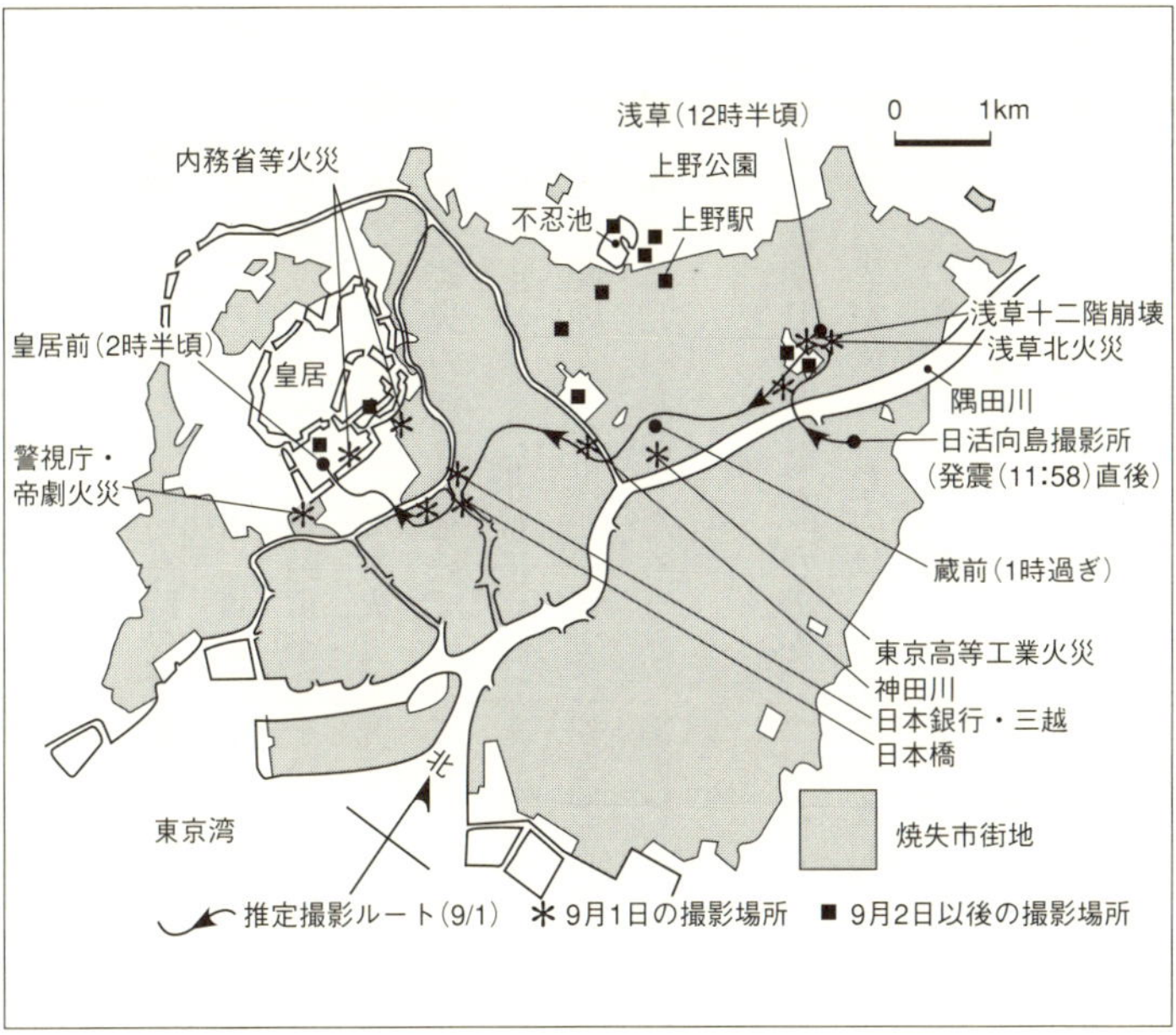

高阪の関東地震当日の足取り

しか内容がわからない。写真⑤は、この末尾の部分にあった断片映像の一齣である。

腐食で過半が何だかわからなくなってはいるが、手前には乗用車が群をなしている。日本全体で自動車が一万数千台といわれていた時代である。震災当日午後、火災が広がっていった諸場面より後に編集されているところからみても、東京下町中の乗用車が安全そうな広場に避難したシーンと想像はつく。確かに、地震だけならば、自動車が群をなして避難する必要はないはずで、こんなことが起こるのも火事を避けるためと考えられて、火災研究者としては興味をそそるが、自動車が避難して集結したなどという事実は、震災の記録を繙《ひもと》いていっても、なかなか見えてこない。

当時、国産車はなく、非常に高価であったはずの乗用車を退避させるのであれば、混乱の中、自動車を移動できる範囲で、火災から確実に安全と思われた場所を選んだであろう。震災直後、都心の一体どんな所がそう考えられたのだろうか。あいにく、前後のフィルムは皆傷んでいて、なかなか場所の特定は難しい。

唯一、手がかりになりそうなのが、フィルム上端付近に見える尖塔である。近代建築史上、このように特徴ある尖塔が流行ったのは、まず明治後期、辰野金吾らの日本人近代建築家が自立してから大正初期である。その頃のめぼしい建築の多くは写真が残っているから、それらしいものを探すと、妻木頼黄設計、東京商工会議所であることが判明する。当時、この建物は、日比谷に建っており、写真に見える建物の角度から、自動車が集結しているのは、皇居前広場・馬場先門付近と判明するのである。

なぜ皇居前が安全な場所と考えられたのだろうか。広場としては都心付近では最大であり、火災が迫っ

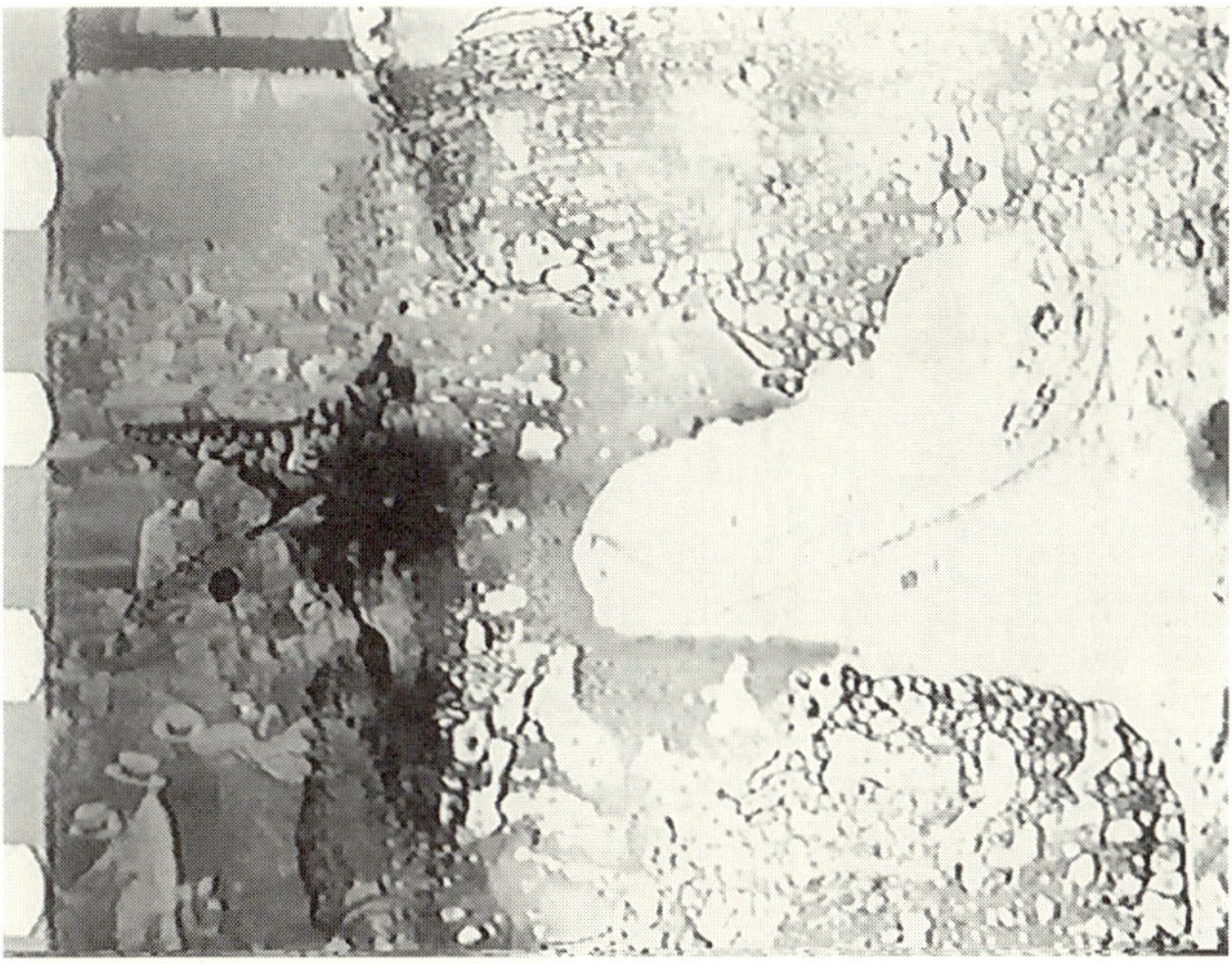

写真⑤　馬場先門

写真⑥　上野清水観音堂前

てきても濠の水による予防注水などが期待できたのであろう。確かに、日本銀行は濠の水による必死の注水で類焼を免れていたのだが、広大な広場でも、避難者が持ち込んだ累々たる家財道具に引火して炎上した本所被服廠跡のような例もあった。自動車に引火すれば惨事になった可能性もあったわけで、一体どんな延焼防止が行われていたのか、興味は尽きない。

避難所の様子

画面はやや荒れているものの、右方で子供を背負った婦人の顔には笑みさえ浮かび、全体に安堵《あんど》の空気が漂っている（写真⑥）。背後の建物は上野公園の清水観音堂で、大火を逃れたこの付近は、地震後、かなりの間、臨時避難所として使われていた。撮影者・高阪利光の手記からみても、また、震災の状況から考えても、地震当日、向島を出発して日比谷に達した高阪らが、その日のうちに下町の大火を突っ切って上野に来るのは不可能で、この場面は、震災翌日の九月二日から高阪らが東京を離れる九月四日までの間の映像と考えられる。

そういえば、清水観音堂に限らず、「関東大震災実況」の大火後と思われるどの場面も、破壊し尽された都市風景とは裏腹な安堵感を漂わせている。それは、地震とそれに続く大火が終わって、事態が日常に戻っていく経過を思わせるが、震災は、地震と大火が終われば、それで終息したといえるだろうか。実は、関東大震災の暗部とされる朝鮮人虐殺が繰り広げられたのは、大火も盛りを過ぎた九月二日以降。

憲兵による大杉栄・伊藤野枝殺害事件は地震から二週間以上も経過した後だったのである。

震災のあった大正一二年九月の東京の月間犯罪件数、精神病院入院数などは、前後の月や例年を遙かに超えて突出した数値になっている。映像が記録しているのは、ちょうど、地震と大火という物理現象としての大災害と、その後に起こるほぼ純粋に社会現象としての災厄の間の束の間の平和というべきなのだろうか。少なくとも、ここに映っている避難民たちは、震災のひどさは身をもって経験したとしても、合計で一〇万を超える犠牲者を生じたという事実や、その社会的な意味については、まだ、何も気がついていないのではないだろうか。

おわりに

日本は安全な国だと何となく信じられていたのが、にわかに深い疑いに覆われるようになったのは、一九九五年の最初の二ヶ月に、阪神淡路大震災と地下鉄サリン事件が相次いで起こった頃だろうか。自然災害とテロの違いはあるが、これらの事件は、単に、二〇世紀後半の日本で起こった有数の重大事件だっただけではない。日本で安全を成り立たせている体制そのものに、世間が疑問の目を向けざるを得なくなるような事態が起こったことが重要である。

個々には例をあげないが、当時の新聞を読み返すと、震災当日、いわゆる永田町は、炎上する神戸をテレビで見ながら、特に何も起こらなかったかのような一日を過ごしているし、地下鉄サリン事件では、科学技術のエリート教育を受けたはずの青年たちが狂信的な無差別テロにのめりこんでいる。続いて、一九八〇年代に血友病患者のための血液製剤を通じて発生した薬害エイズ事件の経過が明らかにされはじめたが、そこでは、学界の権威者をトップにあおいでもエイズ感染には後ろ向きな対策しか誘導されなかった事実が明らかにされたのに加えて、薬品会社は、扱っている製剤がエイズ感染の危険の高いことが判明した後も売り続けていたことが露見している。さらに、その後続発した原子力施設事故、法令を最初から守るつもりのない新宿歌舞伎町ペンシルビルで起こった死者数東京史上最大のビル火災、狂牛病発生をめぐって焼却処分された国産牛肉の補償の詐取事件やそれと関連して露わになった食品表示の偽装の横行など、二〇世紀最後の五年から二一世紀の幕開けにかけて続いた一連の事故や災害は、どこか、世間では守られていると信じられてきた安全システムが、すっかり蔑《ないがし》ろにされているという印象を残したものである。

むろん、それ以前も、深刻な災害や事故は、枚挙にいとまがないほど発生している。しかし、一九八〇年代前半頃までの災害や事故の多くが浮き彫りにしたのは、戦災復興や経済成長などを背景とする都市や建築、産業等の劇的な変化や巨大化に防災対策が追随しきれていないという構図である。そのような災害や事故が起こった時も、さらに防災科学技術の研究開発に取り組み、防災の公共的施策を整備していけば、再発を防止できるようになるという進歩史観まで疑われたわけではなかったのではないだろうか。

この災害や事故発生の構造的な変化は、モラルの崩壊の結果と捉えられることが多い。しかし、それなら、「モラル」を「以前」のように回復すればこのような無様な事態は改善されるかといえば、そんなに単純なものだとは思わない。防災の進歩史観が揺らいでいなかった時の「防災対策」といえば、高度に専門的で、いわば専門家の閉じられた世界で完結した技術である。「モラルの崩壊」が問題にされる時に決まって槍玉にあげられるのは、行政や企業、業界の責任者だが、それは裏返していえば、安心して生活を送るための基盤を、これまで、顔の見えない行政や企業に丸投げして、何も疑問に感じてこなかったことを物語ってもいるわけである。しかし、二〇世紀末以来、明らかになってきたのは、むしろ、戦争や九・一一のようなテロの映像が、そのまま世界中に中継されてしまうような情報環境と、産業技術の責任者や専門家でも、自分が扱う技術や製品がどう成り立っているのか見渡せないほど技術が拡散した状況のもとで、安全を支える体制が社会の目から隔離された閉鎖的なコミュニティのもののままであることの限界ではないだろうか。モラルの低下が重要な問題だったとしても、それは、このような限界の一部が露頭として現れたと解した方が良い。

本書は、主として、一九九九年の創立以来、私が理事を務めている特定非営利活動法人・災害情報センターが発行する「月刊災害情報」に毎月寄稿しているコラムに基づいている。この時期に起こった具体的な災害や事故の事例を取り上げているのは、月刊誌のコラムという性格にもよるが、コラムでは、関東大震災や第二次世界大戦中の空襲とその防災観への影響、安政地震、白木屋火災、さらに海外で起こったロンドン・キングズクロス地下鉄駅火災、オーストリア・カプルンのケーブルカー火災、オークランド大火の顚末、台湾・集々大地震から九・一一までをも見比べてみている。これらを振り返ると、従来、専門家任せにされてきたきらいのある防災技術には、二〇世紀の、というより産業革命以来の防災・安全を大枠で支えてきた大きな功績はあるが、同時に、その社会的位置づけのあり方にもともと限界があり、多くのゆがみをもたらしてきたことも読みとれよう。防災の進歩史観が視野に入れてきたのは、この体制のプラスの面だけで、それは、結果的に市民が自分の安全を自分なりに考え、安全を支える社会の仕組みに健全な疑問を発するのをおさえてきてしまったのではないかと疑ってみても良いだろう。

激変する社会において、災害や事故を防いだり、その影響を軽減することは本来、容易であるはずはなく、そう簡単に災害や事故を撲滅できる処方箋があるわけでもない。防災技術が、高度に技術化された社会に対処するために今後も専門的強化を進めること自体は、否定されるようなことではないが、安全をめぐるこのような環境の変化のもとで防災安全のために、二一世紀の社会が進めていかなければならないのは、社会に開放された安全維持の方法とその理念の育成を通じて、科学技術の専門性の強化にまといつく閉鎖性を打破することではないだろうか。様々な分野の安全の専門家同士の交流や生活者の視点の導入など、アマチュアリズムの導入も、そのための重要な課題であろう。本書に紹介した災害の対応行動や社会的活動などには、その萌芽や出発点となりそうなものも少なくないと思う。

さて、本書は、先に述べたように、専門家向け月刊誌のコラムを下敷きにしているが、本書への収録にあたっては、もともと一回一八〇〇字程度であった内容を加筆したり、関連するものを一つにまとめた。また、他誌に寄稿したものを原型とするものもあるが、掲載誌名とともに記載すると、次のようになる。

「関東大震災実況」の東京＝原題・同、社団法人建築研究振興協会発行「建築の研究」第一一七号（一九九六年）〜第一二四号（一九九七年）

飛騨高山の先端的伝統防災システム＝原題・高山三町の建築防災工学、「建築の研究」第一二五号（一九九八年）〜第一三一号（一九九九年）

ギリシャ正教僧院半島リスク管理の一〇〇〇年＝原題・同、「建築の研究」第一四〇号（二〇〇〇年）〜

第一四四号（二〇〇一年）

建築基準法どおりに建てた建物は安全か＝原題・同、財団法人住宅総合研究財団発行「すまいろん」通巻五九号（二〇〇一年）

地域災害はなぜ悪循環を繰り返すのか――火災都市江戸・東京と函館の近代災害史＝原題・近代都市の大火　東京と函館の場合、財団法人建築保全センター発行「Ｒｅ」第一〇六号（一九九七年）

本書の原稿の八〇％は、九・一一までにほぼそれなりに完成していたが、その後、私自身が、九・一一やその直前の新宿歌舞伎町雑居ビル火災の解明と対策などに巻き込まれて、予想外に完成が遅れてしまった。執筆に割ける時間がなくなってしまったからばかりでなく、これらの事件後に出版されることになる本書でも、これらの事件に触れておきたかったし、それ以外の事故や事件も、九・一一のようなことが起こった後に見直すと、違った見方ができるのではないかとも思った。また、本書で取り上げた災害や事故、出来事には、その後さらに、新しい展開や類似の事件の発生などが起こったものもある。

たとえば、二〇〇〇年九月の東海豪雨については水防法の大改正があり、所沢の農産物ダイオキシン汚染事件については、高裁が、原告の請求を棄却した地裁判決を支持している。この事件に顔をのぞかせていた農産物の流通過程における安全性確認の頼りなさは、二〇〇一年九月の日本国内初の狂牛病発生とその後の国産牛肉の表示や廃棄焼却補償をめぐる偽装事件で、嫌になるほど明らかにされてしまっている。

本書の最終稿では、こうした事実をアップデートすることも考えたが、結局、元の記述では本書刊行時の事実に関して誤解を招きそうな部分や、各々の問題の新しい理解に結びつきそうな事実を除いて、大きな変更はしなかった。それは、本書で目を向けているのが、専門分化していく防災や安全対策の個々の分野の専門性ではなく、前述のように、防災や安全の達成において、独善性に陥りがちな専門性とバランスをとるのに必要な一種のアマチュアリズムだからである。その範囲において、言及した出来事に関する新事実や新しい展開が、元の記述を覆すようなものにはなっているわけではない。

最後に、本書で取り上げた事柄に関して九・一一以降に起こった出来事として、伝統木造建築の防火性能について、京都の若手棟梁や建築設計者たちが、技術と業界の体制のあり方を研究し、伝統町家の仕様で市街地に新築もできるように法的位置づけを確立しようという活動に発展していることを報告したい。成果によっては、衰退が止まらない京都などの歴史的都市景観保存に歯止めをかけられるだけでなく、京都の町並みの回復・再興や、伝統木造技術の継承発展に向けた視野も開けよう。これまでの伝統的な工務店・棟梁の世界では、本書でも触れた木下孝一氏のような例外的な存在を除いて、前例のない組織的な動きであり、これまで行政任せにしてきたきらいのある自分たちの将来を自らの手で引き受けていこうという点では、防災安全が直面する課題と方向性を共有している。この活動にも、容易には乗り越えられないいろいろなハードルがあることは事実だが、社会の中で自立した技能の可能性を切り開くという意味でも、困難に負けずに辛抱強く取り組んでほしい。私の研究室は、現在、その言い出しっぺとして全面支援に追われているが、応援の輪も広がっている。

本書の刊行にあたっては、毎月末、コラム執筆の尻を叩き続けていただいている災害情報センターの辻明彦氏と石積啓子さん、日頃いろいろ刺激をいただいている難波桂芳先生をはじめとする災害情報センター災害事例研究会のメンバーの方々、そしてコラムに関心をもって出版を勧めて頂き、構成の労をとって頂いた工学図書・倉澤哲哉氏に、末筆ながら、心より感謝申し上げます。

長谷見　雄二

本書を故・小林輝雄医師に捧ぐ

本書の最初に、私が、普通の意味の最悪の事態より一段、悪い事態に出くわすことが多いと愚痴を書いたが、その一つ、公務員試験前日の事故については、当時、実家でホームドクターをお願いしていた小林輝雄医師の的確な判断と処置がなければ、私は受験を断念して、おそらく現在とは全く違った道を歩んでいただろう。小林医師には、幼年時代にインフルエンザ脳症に罹った時もお世話になったが、この病気は今なお診断が困難で死亡率が極めて高いことから見て、私の命が何とかつながったのは小林医師の診断のお陰と考えざるを得ない。私が社会に出た直後に急逝された先生には何らご恩返しができていないが、今の私の専門からみると、医師としての危機管理の手本を示されたわけでもある。せめて本書を霊前に捧げ、先生の遺徳を偲んで、改めて私自身の戒めとしたい。

著者紹介
長谷見雄二（はせみ・ゆうじ）
1951年、東京都生まれ。1975年、早稲田大学大学院理工学研究科修士課程修了。
建設省建築研究所を経て、早稲田大学理工学部建築学科教授（1997年～）、NPO法人災害情報センター理事（1999年～）。専門は、建築防災・設備。工学博士。
著書：『ホモ・ファーベルの建築史』（都市文化社）、『火事場のサイエンス』（井上書院）など。

NPO法人災害情報センターについて

1982年7月、安全・防災に関わる研究者が集まって「災害事例情報研究会」（代表・難波桂芳東大名誉教授、事務局・防災都市計画研究所）が発足。毎月定例会を開いて、災害の研究・分析をおこなってきた。その後、各方面の研究助成を受けながら、総合的な災害・事故のデータベースをつくりはじめ、1993年からは経団連関連の基金をもとに早稲田大学理工学総合研究センターで災害情報に関する研究を進め、データベースの公開とオンライン提供をはじめた。こうした活動の中から、2002年現在で約13万件の災害・事故事例のデータが蓄積され、社会の各方面で利用されている。データベースの活用に対する広い関心に応えて、1999年には特定非営利活動法人・災害情報センターを設立。早稲田大学理工学総合研究センターの災害情報データベースプロジェクトと連携して、市民、研究者や関係団体が共同して活動を支えることにより将来にわたって災害情報データベースを継続・充実させていき、社会の安全、災害・事故の予防・対策に寄与することをめざしている。

K+K PRESS
災害《さいがい》は忘《わす》れた所《ところ》にやってくる
安全論《あんぜんろん》ノート——事故《じこ》・災害《さいがい》の読《よ》み方《かた》

平成14年9月2日　初版第一刷発行
著　者　長谷見雄二
発行者　笠原　隆
発行所　工学図書株式会社
東京都千代田区麹町2-6-3
郵便番号　102-0083
電　話　03-3262-3772
FAX　03-3261-0983
工学図書ホームページ
http://www.kougakutosho.co.jp/
印　刷　新日本印刷株式会社

ISBN4-7692-0434-5　C3052
定価はカバーに表示してあります。
乱丁・落丁本のお取替は直接読者サービス係までお送り下さい。
送料は小社で負担します。